# たらちね怪談

蛙坂須美 雨宮淳司 加藤一 神沼三平太
川奈まり子 高野真 郷内心瞳 しのはら史絵
橘百花 つくね乱蔵 内藤駆 ねこや堂
服部義史 久田樹生 ひびきはじめ ホームタウン
松岡真事 松本エムザ 三雲央 渡部正和



竹書房
怪談
文庫

※本書は体験者および関係者に実際に取材した内容をもとに書き綴られた怪談集です。体験者の記憶と主観のもとに再現されたものであり、掲載するすべてを事実と認定するものではございません。あらかじめご了承ください。

※本書に登場する人物名は、様々な事情を考慮して一部の例外を除きすべて仮名にしてあります。また、作中に登場する体験者の記憶と体験当時の世相を鑑み、極力当時の様相を再現するよう心がけています。今日の見地においては若干耳慣れない言葉・表記が記載される場合がございますが、これらは差別・侮蔑を助長する意図に基づくものではございません。

女は弱し、されど母は強し。

——ヴィクトル・ユーゴー

時に、母親の力は自然法則に勝る。

——バーバラ・キングソルヴァー

愛別離苦、怨憎会苦、求不得苦、五蘊取蘊、而《しか》して母は全てを辞さず。

——不詳

母親とは、愛を振りかざす呪いである。

——不詳

# 目次

6 狂女乱舞 蛙坂須美
15 ははでなし（一） 蛙坂須美
22 ははでなし（二） 蛙坂須美
26 割れる 雨宮淳司
42 処理落ち親子 加藤一
44 ぐるぐるぐるぐる 神沼三平太
47 線路沿い 神沼三平太
53 青い卵 神沼三平太
60 始末 高野真
64 親心 高野真
69 ぷよぷよ しのはら史絵
87 本当のことはわからない 橘百花
89 一カ月 橘百花
93 四葉のクローバー 橘百花
100 育ての母 つくね乱蔵
106 泣く子も黙る つくね乱蔵
113 夫婦水入らず つくね乱蔵
119 許していない 内藤駆
121 蚊柱 内藤駆
125 帰り道 内藤駆

132 ごめん、ママ!! 内藤 駆
136 小さな母性 内藤 駆
139 増える ねこや堂
143 深い愛 服部義史
147 天を駆ける龍 服部義史
153 母の愛 服部義史
163 糾える 久田樹生
182 鬼灯 ひびきはじめ
188 母猿 ひびきはじめ
195 橋の上 ホームタウン
198 ママとジョン 松岡真事
211 三〇四七グラム 松本エムザ
214 母は何故 松本エムザ
217 流れる川 松本エムザ
222 医者と政治家 松本エムザ
228 帰路 三雲 央
232 瞼の母 渡部正和
238 吊り橋 渡部正和
246 娘のお守り 川奈まり子
254 出窓 川奈まり子
266 三母の一 忌母 郷内心瞳
272 三母の似 創母 郷内心瞳
280 三母の惨 災母 郷内心瞳
286 著者プロフィール

# 狂女乱舞

蛙坂須美

葉月さんの前には、時折、女の幽霊が現れるのだという。


初めて目にしたのは、中学三年の冬だった。

それは第一志望の高校の合否発表がある日で、葉月さんは朝から緊張していた。

自己採点では辛うじて合格圏内に入っていた。けれど生来、物事をマイナスに考えがちな葉月さんは、どうしても悲観的な想像をたくましくしてしまう。

現在とは違って、インターネット上での発表などはない時代だ。

葉月さんはきりきりと痛む胃を庇いながら、そろそろ掲示されているはずの結果を見に出かけた。

電車を乗り継いで、高校の最寄り駅に至る。

その頃には動悸《どうき》も激しくなり、額に脂汗が浮かんでいた。心なしか胃痛とは異なる違和感を腹部に覚え、葉月さんはホーム端にあるトイレへと向かった。

トイレに一歩足を踏み入れて、悲鳴を上げそうになった。

昼なお薄暗いトイレの奥のほうに、女が立っていた。

女性用トイレに女がいても、別段、不審な点はない。

しかしどういう訳か、その女は一糸まとわぬ丸裸なのだ。

長い黒髪を振り乱した、血色の悪い女だった。

痛々しいまでに肋骨《ろっこつ》の浮き出た上半身、フライドチキンの食べかすを髣髴《ほうふつ》とさせる下半身。

手足の爪は酷く伸びて汚れ、落書きしたような薄い恥毛が痛々しい。

女は、踊っていた。

それは奇妙な踊りだった。

頭頂部に置いた両手の指は蝶類の動きを真似てひらひらと舞い、今にも折れそうな両足が激しいステップを踏んでいる。

大きく上下する頭部の勢いも凄まじく、土気色した顔の周囲で黒髪が渦を巻くようだ。

一体、自分は何を見せられているのか。

呆然と立ちつくす葉月さんの眼前で、女は踊り狂った。

しどけなく開いた口元から粘性の唾液を垂らし、白目を剥いた双眸《そうぼう》には法悦の涙が浮かんでいるかに見えた。

次第に、舞というよりは痙攣《けいれん》に近づいていく肉体の高まり。

女の貧相な身体が、このような動きに耐えられるとは、到底、考えられなかった。

これ以上の激しさが加われば、女の全身は爆発四散し、後には病み衰えた骨の一塊が残るばかりだろう。

そう思った矢先、一際大きな跳躍を終えた女の身体が、まるで目に見えない鉄串を打ち込まれでもしたように、びんと硬直した。

そのとき初めて、葉月さんは女に影がないことを認めたが、今となっては些末な問題だった。明らかに生きている人間ではないのだ。

一瞬の硬直の後、女の身体は急速に弛緩《しかん》した。

正確には、風船の空気が漏れるように萎んでいき、トイレの不潔な床に、足先から吸い込まれていくのだった。

「あの、すみません」

不意に声を掛けられ、葉月さんは反射的に背後を振り向いた。

ＯＬ風の若い女性が立っていた。

「すみません、そこ、通してもらってもいいですか？」

女性は訝しげにこちらを見ていた。無理もない。何しろ葉月さんは、トイレの入り口を塞ぐ形で棒立ちになっていたのだ。

ごめんなさい、と傍に避け、視線を戻したときには、あの女の姿は何処にもなかった。

先ほどまで覚えていた腹痛は、とうに失せていた。

それにしても、あの女は何者だったのか。

受験のストレスによる幻覚にしては、あまりに鮮明だった。

幽霊？　そんなものを見るのは、生まれて初めての経験だ。

けれど一般的な幽霊とは、もう少しこう、慎みがあるというか、吹けば飛ぶような頼りなさ、儚さといった属性を身に帯びた存在であるように思われる。

それに比べて、さっきの女は、存在として強烈すぎた、
あの振る舞いは、幽霊というよりも、狂人のそれではないか。

そんなことを考えながら左右の足を機械的に動かし続け、葉月さんはようよう目的地である高校の前に辿り着いた。

門前に出された背の高い掲示板の前には、既に黒山の人だかりができている。

葉月さんは無感情にその人群れを掻き分け、整然と配置された番号に視線を滑らせた。

それは、すぐに見つかった。

父は大いに喜び、晩の食卓には葉月さんの好物が並んだ。

普段は瓶ビールの一本も空けない父が、その夜は、近所の酒屋から取り寄せた日本酒をしこたま飲んだ。

すっかり酩酊《めいてい》した父が席を立った。てっきりトイレにでも行くのかと思いきや、一枚の写真を手に、すぐ戻ってくる。

「今日ばかりは、こいつにも一杯献じてやるかなあ」

テーブルの上に置かれた写真を一瞥《いちべつ》し、葉月さんは息を呑んだ。

何処かの家の庭のような場所に、二人の男女が立っている。

彼らのどちらにも、葉月さんは見覚えがあった。

向かって右側の男性。髪は黒々とし、全体にほっそりとしているが、間違いなく若き日の父だった。

その父の隣。

間違いない。

今日の昼間、駅のトイレで踊り狂っていた、あの女だ。

女はカメラに顔を向け、心もち首を右に傾けている。横に立つ父の肩に、ちょうど頭を預けている具合だ。

幸せそうなカップルか、夫婦の姿を写したものに見える。

ただ一点、女の両目に当たる部分がぽっかりとくり抜かれ、空洞を穿《うが》たれているほかは。

「この女の人って」

「おお、葉月は見るの初めてだろ?」

これがお前のお母さんなんだよ、という父の声を、葉月さんは上の空で聞いていた。

葉月さんが物心付く前に、母は鬼籍に入った。

その死因はおろか、生前の母について話すことすら父は忌み嫌い、母方の親族とも完全に縁を切っていた。

そういうものかと考えて年齢を重ねてきたものの、高校生にもなれば、さすがに不審の念は募る。

葉月さんは、母の顔すら知らずに育ってきたのだ。

こんな写真を父が隠し持っていたことも、彼女には全く寝耳に水だった。

「お父さん、あの、お母さんって一体」

どうして死んだの？　とは訊けなかった。

葉月さんが言葉を継ぐ前に、父は机上の写真を取り上げると、それをくしゃくしゃに丸めて、口中に放り込んだのである。

そのままグラスの酒を一息に呷り、写真を嚥下《えんげ》した。

満足そうなおくびを一つ吐き、父は立ち上がる。

「あの女はね、頭がおかしかったんだよ」

一言そう呟いて、父は寝室へと去っていった。


葉月さんの前には、今も時折、女の幽霊が現れるのだという。

二度目は、高校の入学式でした、と葉月さんは語る。

その後も、高校の卒業式、大学の合格発表、入学式、成人式に卒業式、そういう式典の直前には、絶対に現れます。

あ、そうそう。私の書いた小論文がコンクールに入賞した日なんかにも。

要するに、私にとっての晴れの日を狙いすましてるんですよね、あの女。

出てくる場所は色々ですよ。

思い出せる範囲だと、学校の校門前、駅のホーム、自宅のリビング、近所の公園。

入社式の日なんか、会場のホテルのロビーにいましたし。

今日は大丈夫かもって油断してたら、区役所のエレベーターの中で待ち構えていたり。あ、それは婚姻届を出したときの話。

ええ、いつも決まって裸です。

結婚式の日くらい、ちょっとは着飾ってこいよって感じですよね。見苦しいにも程がありま す。まあ、どうせ私にしか見えてないんですけど。

踊りにも、変化ないですね。

こうやって頭の上に手のひらを置いて、床を踏み抜くくらいの勢いでステップを、というかあれ、殆ど地団駄。

あ、そうだ。

もう大分昔の話ですけど、大学の卒業旅行でね、ヨーロッパの国を巡ったんです。

そこでナンパしてきた地元の子に誘われて、ちょっと危ない感じのクラブに行きまして。

いや、まあ詳しい顚末《てんまつ》は訊かないでください。若気の至りですから。

とにかく、その店にいたんですよ。

あの女と、そっくり同じ踊りを踊ってる人が。

スキンヘッドに革ジャン姿の、絵に描いたみたいなネオナチファッションの男でした。

ちょっと吃驚《びっくり》したんで、ついまじまじと見つめてたら、一緒にいた子が「見るな見るな」って。

あれはヤク中だから関わるなって、そう言うんですよ。

何でもクスリとかアルコールの効きを早めるために、好んでそういうダンスを踊る人たちがいるみたいです。

それを知って、ああ、って思いました。

覚えてますかね？　初めて私があの女の姿を見た日に、父に言われたこと。

『あの女はね、頭がおかしかったんだよ』

それを思い出して、やっと合点がいったというか。

まあ、ほんとのところはどうか分かりませんけど。

今更、事の真相を知ったところでしょうがないですし。

生前のあの女にも、興味ないですね。

私にとってあの女は、人生の節目に一瞬現れては消えていく、すっぽんぽんの幽霊でしかないんです。

当人からしたら祝いの舞のつもりなのかもですけど、正直、みっともないんで、早いとこ地獄にでも何処でも消えてほしいです。

でもまあ、考えてみたら。

今の状況も、地獄とそう大差ないですよね。

葉月さんの前には、今も時折、女の、母の幽霊が現れるのだという

# ははでなし（一）

蛙坂須美

四半世紀以上前の話。

善如寺さんは地方の私立大学を卒業したものの、就職先がどうしても見つからなかった。

「氷河期って訳でもなかったんだが、要は俺がボンクラだったんだね」

一年間は日雇い仕事をしながらパチンコや競馬をして遊んでいたのだが、業を煮やした父親が方々に頭を下げた結果、健康器具の訪問販売員として働くことになった。

「当時は『ブラック企業』なんて言葉もなかったしな。今なら間違いなく炎上してるようなとこだったよ」

ただ、不思議と善如寺さんの成績は良かった。

別に特殊な努力をしているということもないのに、入社一年目にして、ベテラン社員と肩を並べるまでになったそうだ。

「その頃には、同期はもう何人も残ってなかったけどね。皆メンタル病んで辞めてった」

そんな数少ない「居残り組」の中に、ヤナギという男がいた。

年の割に後退の進んだ額に、前髪をちょろっと一束垂らした、気弱な男だった。

「あの職場の雰囲気には、明らかに合ってなかったなあ」

ヤナギはおかしな奴だった。

怒鳴られても殴られてもヘラヘラと薄笑いを浮かべていて、善如寺さんは内心、こいつアホじゃなかろうか、と思っていた。

「見るからにウスノロなんだが、ノルマはそれなりにこなしてるのが不思議だった」

ごく稀《まれ》に、ヤナギのほうから飲もうと誘われた。

そんなときには彼の奢りだから、善如寺さんは喜んで付き合った。

酒が入ると、ヤナギは家族の話をした。

小さい頃に事故で両親を亡くし、兄弟もいない。今は父方の祖母と二人暮らしだという。

「ばあちゃんボケてきてさ、こないだなんてオムツを味噌汁の具にして出してきたんだ」

「やめろよ、汚ねえな」

善如寺さんが顔を顰《しか》めるのを見て、ヤナギはニヤニヤ笑っていた。


そんなある日のこと。

善如寺さんが外回りを終えて帰社したところ、上司から手招きされた。

「お前、ヤナギの家族構成って知ってるか?」

「ばあちゃんと二人暮らし、ですよね?」

「だよなあ」

訊けば一時間ほど前、ヤナギの母親と称する中年の女性がふらりと訪ねてきて、息子に伝えたいことがあるから待たせてくれ、と訴えたのだとか。

「それが目元から鼻の形から、ヤナギにそっくりなんだ」

「で、どうしたんです？」

「とりあえず応接室に通して、茶を出させたんだけどよ」

少し目を離した隙に、忽然《こつぜん》と姿を消していたらしい。

応接室はオフィスの奥に位置しているから、出ていけば気付かないはずはないのである。

「おかしいだろ？」「おかしいですね」と話していたら、当のヤナギが帰ってきた。

上司が呼びつけると、いつもの卑屈な笑みを浮かべて近づいてきたのだが、

「おい、お前のおふくろさん、ほんとに死んでんのか？」

ヤナギは、すーっと真顔になった。

「さっきそういう人が訪ねてきてな。応接室に通したら」

話が終わらないうちに、ヤナギはオフィスの奥まで歩いていき、応接室のドアを開いた。

「もういねえよ。多分だけど、帰ったんだよ」

室内を覗き込んだヤナギは、そのまま暫くの間、じっと動かずにいた。

「ヤナギ、おいこら、あのおばさん一体誰」

うおおおーっ、とものすごい叫び声を上げて、ヤナギは背後に飛びすさった。

その拍子に近くのデスクにぶつかり、ペン立てやファイルがどさどさと床に落ちる。

半狂乱になったヤナギは奇声を発し、両手を振りながら、オフィスから走り出ていった。

善如寺さんは上司に言われ応接室の中を確認したが、何処にも変わったところはない。

「何だあの野郎」

薄気味悪そうに上司は呟いた。


翌日、ヤナギは無断欠勤した。

自宅に電話を掛けても呼び出し音が鳴るばかりで、一向に応答がない。

「ヤナギは別にしても、ばあちゃんまで無視を決め込むのはおかしいだろ？」

善如寺さんはその時点で悪い予感がしていた。

上司も同じらしく、家まで行くから付いてこいと言う。

「正直嫌だったけど、断れないよな」

社用車で住所まで向かってみると、狭い路地が錯綜《さくそう》する中によく似た外観の長屋が林立しており、どれがヤナギの家なのか、皆目見当も付かない。

十五分ばかりうろうろして、ようやく見つけた家の玄関戸には、

『忌中』

と墨書された紙が貼ってあった。

まさか、と表札を確認するも、間違いなくヤナギの家だ。

玄関戸に鍵は掛かっていなかった。

「お前、ちょっと行って見てこい」

尻込みしている様子の上司にうながされ、善如寺さんは玄関に足を踏み入れた。

その瞬間、臭いが鼻を衝いた。

「こりゃダメだって、すぐ分かったね」

明らかに腐敗臭である。

「死んでますよ、これ」

「いいから、確認してこい」

奥の寝室、布団の中で老婆が死んでいた。

死班の浮き出た顔を一目見て、喉元に酸っぱいものが込み上げた。

堪らず洗面所と思しき部屋に駆け込むと、磨《す》り硝子《がらす》越しに浴室で黒いものが動いた。

中折れ戸を開けた先に、ヤナギがいた。

水を張った浴槽から鼻から上を出し、白濁した目でこちらを見ていた。

何故か服は着たままだった。

浴槽の水は体液と排泄物で濁り、便壷に頭を突っ込んだような悪臭で、善如寺さんは気を失いそうになった。

「その場で吐いちゃったよ」

警察がやってきて、善如寺さんと上司は事情聴取で丸一日拘束された。

第一発見者になる訳だが、玄関に貼られた忌中札が何者の手によるものなのかは、警察も頭を抱えているようだった。

「ヤナギもばあさんも、死因は心不全。要するに、よく分からんってことなんだろうね」

死亡推定時刻は、ほぼ同じとのことだった。

奇妙なことに、ヤナギのスーツのポケットからは、遺書らしきものが見つかった。

そこには、

『おかあさん、先立つ不幸をお許しください』

と書かれていた。

「前の日に訪ねてきたとかいうおばさんの話は、しなかったよ。上司も俺も」

二人の葬儀はしめやかに執り行われ、善如寺さんら職場の面々も参列したのだが。

「おいっ！　あのおばさん！　あのおばさんがいるよ！」

読経の最中、善如寺さんの隣にいた上司が喚き出し、二つ並んだ棺の横を指差した。

無論、そこには誰の姿もない。

興奮した上司は葬儀社のスタッフに連れ出され、その後は一度も会社に出てくることなく退職した。

「俺もその後、すぐに辞めたよ。気持ち悪くってさ」

もう随分前にその会社は倒産し、当時の同僚達とも連絡は全く取っていないのだ、と善如寺さんは話を終えた。

# ははでなし（一）

蛙坂須美

母ではない母の話には、こんなのもある。

みどりさんが現在お住まいの地域には、「ほねかみ」と呼ばれる怪異が伝わっている。

比較的よく知られた「ほねかみ」とは、骨揚げの際、近親者達が故人の骨を噛む、或いは食すという葬送儀礼の一つだが、それとは別に、何処からともなく火葬にした骨を食べにやってくる妖怪みたいな存在がいるようなのだ。

みどりさんは「ほねかみ」そのものを見たことはない。

ただし、その被害を見たと主張する老人を知っている。

老人の名を、仮に平田さんとしておく。

平田さん自身も、既に鬼籍に入ってひさしい。

けれど亡くなる直前に、利用していたデイケアセンターの職員に「ほねかみ」の話をしていたのだ。

つまりはその職員というのがみどりさんで、平田さんは、自分の骨が「ほねかみ」の餌食になるのを恐れていたようである。

「俺が死んでも、頼むから火葬はやめてくれ。焼かれるのは嫌だ。土葬にしてほしい」

軽い痴呆のある利用者ではあったが、何度も同じことを訴えるのが気になったという。

そんなある日、みどりさんが平田さんの家を訪ねると、家中が酷く荒らされていた。

当の平田さんはといえば、仏間の真ん中にへたり込み、茫然自失といった様子である。

泥棒が入ったに違いない、と判断したみどりさんは職場に連絡を入れ、指示を仰ぐことにした。

けれど電話に出た上司はさして慌てたふうもなく、

「多分それは、泥棒とかそういうのじゃないと思う。平田さんもそのうち落ち着くだろうけど、まあ、確認したいこともあるから、私もそちらに向かいます」

駆けつけてきた上司と二人、平田さんを介抱し、家の中を片付けることになった。

居間や寝室よりも、仏間の荒れ具合が顕著である。

特に仏壇周りは目も当てられない有様で、片方の戸板が力任せに剥がされ、地袋が蹴破られていた。周囲には位牌や仏具が無残に散乱し、どういう訳か猫の小便のような異臭が鼻を衝いた。

「ああ、やっぱりね」

上司は一言呟くと、手際よく掃除を済ませ、そそくさと職場に戻っていった。

そして平田さんは「火葬は嫌だ」「骨を噛まれるのは嫌だ」と繰り返しつつも、冒頭記した「ほねかみ」の話を詳細に語り出したのである。

平田さん曰く「ほねかみ」とは、骨揚げの場に紛れ込んでは故人の骨を食べる妖怪で、そうして食した遺骨の生前の姿に化けることができるらしい。

更には一度食べた骨の味は決して忘れることがなく、血縁者の骨を狙うことが多いのだ、と平田さんは語った。

「俺は一度、おふくろの骨揚げのときに、そいつを見てるんだよ。遠縁の、名前も知らないおじさんの姿だったが」

そして今日、「ほねかみ」は平田さんの前に姿を現したというのだ。

「死ぬ直前のおふくろに、まるで生き写しだった。耳障りな声でケタケタ笑って」

腰を抜かした平田さんの目の前で家の中をめちゃくちゃにし、いつの間にか消えていた。

「あれが来たからには、俺はもうダメだ。長いことはないよ。だから、頼む。後生だから、火葬はやめてくれ。焼かれるのは嫌だ。骨を噛まれるのは嫌だ。いやだ、いやだ」

手を合わせんばかりにそう訴えた平田さんは、一カ月と経たずにこの世を去った。

遺体は遠方に住む弟さんに引き取られ、尋常の茶毘《だび》に付されたと聞いた。

「ほねかみ」なんて、そんなの迷信だ。

そうに決まっている、とみどりさんは今もそう信じているのだが。

平田さんの死後、みどりさんが担当する地域では、独居老人の死が立て続いた。

いずれも彼女の勤める施設の利用者で、彼らのうち何人かの葬儀では、平田さんによく似た老人の姿が目撃されていたということだ。

# 割れる

雨宮淳司

　財田さんの母親は彼が幼い頃は非常に優しい印象で、叱られた記憶もなかったのだが、小学生になって身体ができてきた頃から、だんだんと運動を課すようになってきた。

　最初は夕食の前に縄跳び三十回、家の周りを三周走る、といった感じだったが徐々にハードさが増してきた。

　六年生になった頃には、縄跳び三百回、毎日五キロメートルを走らされ、更に金属バットを与えられて素振りを百回庭先でやらされる。

　後から考えると明らかに過剰な運動量で、毎日筋肉痛に苛《さいな》まれて眠りも浅く、辛すぎて泣き暮らしていた。

　様子を見に来るのは父親のほうだったが、特に母親に反対するでもなく、泣きながら不満を訴えても、

「身体は鍛えておくに越したことはない」などと、何の助けにもならないことしか言わなかった。

　これから逃れるには勉強の時間を増やすからという名目しかなく、必死に励んで進学校で有名な私立の中学校に入ることができた。

　だが、途端に受験勉強の時間は特別枠だったからと言って元に戻された。

半ば自棄糞《やけくそ》になり、学校の野球部に入部した。ハードな練習の後、更に家での苦行が続いた。痛めつけられた身体は筋肉が発達し、成長痛に悩まされながら背も伸びた。この頃には精神的にテンションが異様に高まっており、それらを受け入れて積極的に部活の試合にも挑んだ。

やがて、高校の三年生になり、特別枠の時間がやってきた。この頃には学校で一番の巨躯《きょく》になっており、ボディビルでもやっているのかとよく訊かれた。「ここまで、よく頑張ったな」と、何かの折に父親はそう言ったが、母親のほうからは何も言葉掛けはなく、このよく分からないスパルタ教育の理由も説明しなかった。

財田さんの母親は小夜子と言った。上越地方にある米農家の三女とのことで、昔新潟に赴任していた銀行員の父と、どうも見合いで結婚したものらしい。

性格なのか何なのか、とにかく自分で仕事を見つけて動く人で、専業主婦なのだが全く休む暇もなく何かをしている。

掃除も半端なく、家を磨き上げる勢いで、部屋の隅でも塵や埃など見かけたことなど皆無だった。

米農家の娘だからなのか、主食の米へのこだわりがまた凄まじく、普段はガス用の羽釜を使い実家で穫れた米を炊いていたが、季節や用途に合わせて土鍋を使う。

萬古焼《ばんこ》、有田焼、伊賀焼の土鍋が揃えてあり、必要に応じてそれを替え、米の銘柄も変えていた。

これを火に掛け、付きっきりで米を炊く。

それを必ず杉のお櫃《ひつ》に取り、木の香りを移していた。

受験勉強の夜食として、それの塩むすびが出てくるのだが、

「……畜生！　何て美味いんだ」

食べるたびに途轍《とてつ》もなくレベルの違う御飯の美味しさと、よく分からない悔しさにいつも涙ぐみながら頬ばっていたという。


小夜子さんは、夕食の献立だけは財田さんの言うことを聞いてくれることがあった。

「今日はコロッケが食べたい」と、何げなく言ったのだが、

「コロッケ？　肉屋のでいい？」との返事だった。

揚げ物が苦手らしく、滅多に天ぷら鍋を使っていないことに思い至ったが、近所の肉屋の牛脂で揚げたそれの味を思い出して唾液が溢れてきた。

「むしろ、そっちがいい。牛肉入りの普通の奴ね」

そして、その日の夕方。学校から帰ると、付け合わせの野菜と一緒にレンジで温め直されたそれが食卓に並んでいた。

早速頂いたところ……。

「あれっ？　これって、カボチャ入りの奴だ」

店が間違えて入れたのか？

しかし、それはそれで美味かったので財田さんはそのままパクついていたのだが……。

目の前にいる小夜子さんの顔色を見て驚いた。

顔全体が暗赤色になり、目が吊り上がって、これまでに見たこともない凄い憤怒の形相だった。

小夜子さんは立ち上がると、割烹《かっぽう》着を着けたまま玄関へとずんずん歩いていく。

財田さんは心配になって後を追いかけた。

小夜子さんは早足で無言のまま通りを進んでいき、バス通りを横断して商店街へと向かった。

そして、閉店前の様子で一層声を張り上げて揚げ物を売りさばこうとしている肉屋の店主に向かって、

「ちょっと！」と、呼ばわった。

「へい、何か？」

「ここに並んでいる牛肉コロッケを買ったのに、中身はカボチャだったわよ」

店主の親父は、

「そんなはずはないが」と、口籠もった。

「割りなさい」

何か言い返そうとしたが、小夜子さんの形相を見て仕方なさそうに一個を手に取り割ってみた。

「はあ？」

「割って中身を確認しなさい」

「は？」


「……あ」

「カボチャじゃないか！」

「……ま、混じっていたんですね。すみません、交換……」

「全部割りなさい」

「ええ？」

何処にそんな必要があるのかと、肉屋の親父も財田さんも思ったが、

「うちの息子がわざわざあんたの所のコロッケを所望して、これから必死の受験勉強をしようというところでケチを付けておいて、間違えたも何もあるもんですか！　どれだけ間違えているのか確認しておくのは当たり前でしょうが！」

と、店先で大声を出すもので親父は腰が引けてきた。

通りがかった人達も足を止めて、成り行きを見ている。

野次馬の人だかりの中で切羽詰まった親父は、とうとう自棄気味にコロッケを割り出した。

牛肉入りのコーナーに並んだ三十個くらいのコロッケのうち、カボチャの混入率は三割強だったという。

高校三年生になった当初に、父親に進路を相談した。

当たり前と言えば当たり前なのだが、不思議なことに、小夜子さんのほうはあれだけスパルタな教育方針であったのに、財田さんの進路に対しては何の職種になれとか、どこそこの大学へ行けと指図したことは全くないのであった。

「お前は医学部へ行くんじゃないか？」と、財田さんが何も言わないうちに父親はそう言った。

「え？　何で？」

医者になろうなどと思ったことは一度もなかった。金融関係か、マスコミ、出版関係を漠然と考えていたのだ。

それに、「行くんじゃないか？」とは、どんな突き放した言い方だろうと思った。

「お母さんが入院したときに、『僕がお医者さんになってきっと治すから』って、泣きながら言っていたじゃないか」

「それ、いつの話だよ……」

確か、六歳くらいのときに小夜子さんが子宮破裂で入院したことがあったのだった。

幼児の頃の話なので、母親が死んでしまうのかと思って病院で散々泣きじゃくった記憶はあるが、そんな殊勝なことを言った覚えはさすがになかった。

その夜は昔話ばかりになって、進路のことは有耶無耶《うやむや》で終わってしまった。

しかし、

「医学部へ行くそうですね。大変よろしい！」

と、翌日小夜子さんにそう言われて「終わった」と思った。


学校の休み時間。

弁当を食べていると、二年生の一人がコソコソとした感じで教室に入ってきた。部活で見た顔だが、レギュラーではなくあまり話をしたことはない。

「財田さん、ですよね？」

「そうだけど？」

「僕、先日カボチャのコロッケで、御迷惑をお掛けした肉屋の息子なんですけど」

思わず、持っていた塩むすびを取り落としそうになった。

「ああ、いや、こちらこそ御迷惑を」

「いえいえ」

にっこりと笑って、

「いやはや凄いお母さんだなって、むしろ爽快でした」

「あの場にいたのか……」

「店の奥で、震えながら見ていましたよ」

面白い奴だな、と思ったが何の用なのかが気になった。

それを訊くと、

「それが……口で説明しても信じてもらえないと思うんですよ」

……何だそれは？

「ですので、良かったら是非、家に寄ってもらえたらと」

「帰りに？」

「そうです」

「でも……」

「うちの親父は客の顔も覚えていない大雑把な人だから、息子の友人くらいにしか思わないですよ」

気になったので放課後に待ち合わせて、商店街の肉屋に向かった。

二年生の名前は木内と言うらしい。確かに看板は木内精肉店になっていた。

今正にコロッケを揚げている父親に向かって、

「あれ、できてる？」と木内君が訊くと、

「ああ、そこにある」と、汗を拭いながら返事があった。

会釈をしたが、確かに胡乱《うろん》な目を向けられることはなかった。

「ここの二階と三階が住まいなんです。で、これなんですけど」

包みに入った何かを渡された。

温かい。それにこの手触り。

「コロッケ？」

「……です。カボチャのコロッケ」

「これが何？」

「お母さんの傍に持っていったら分かりますよ。一度、中を確かめてください」

……傍に持っていく？

言われた通りに中を確かめたが、小判型の普通のコロッケが三個入っているだけだった。

家に帰ると、小夜子さんは台所にいたが、すぐに財田さんのところへやってきた。

「牛脂で揚げた……多分コロッケの匂いがしますね。晩ご飯まで待てなかった？」

「いや、あの肉屋の息子が部活の後輩で、土産に持たされたんだ」

嘘は言っていないので、平然とそう返すと、小夜子さんは納得したのか、

「なら仕方ないわね。ちゃんと食卓で食べなさい」と言って、ソース入れを持ってきてくれた。

自分で皿に移そうとして、袋を開けてぎょっとなった。

全部、真ん中の辺りで綺麗に割れていた。

「あれから、財田さんのお母さんが店の前を通ると、カボチャのコロッケだけが全部割れてしまうんですよ」

「んな馬鹿な」

「でも、見たんでしょう？」

「割れる瞬間は見ていないし」

「僕は見ました。二十個くらいが一斉に勝手に割れるんです。……ありゃあ、超能力ですかね？」

「分かんねえよ」

「おかげでカボチャコロッケは廃版です。もっとも、カボチャのファンってあんまりいなかったらしくて、今のところ苦情は来ていませんが」

「親父さんは何か言ってないのか？」

「『縁起でもねえ！』の一言で終わりです。二度と作る気はないみたいです。この間のが最後ですね」

財田さんは溜め息を吐いた。尋常ではない母親だとは思っていたが、尋常どころか超常の域に達していたとは……。

木内君とはこの後もよく話すようになったのだが、ある日曜日に電車に乗って、大型書店に参考書を買いに行った帰り、ふと人通りの少ない近道の路地で木内君の後ろ姿を見かけた。

同じ高校の制服を着た女の子と一緒に歩いていたが、脇道から出てきた明らかに柄の悪い連中に絡まれて、更に細い路地へと連れ込まれているようだった。

「こりゃあ……まずいな」

走ってその路地へと飛び込んでいくと、木内君は既に一発殴られて地面に倒れたところらしかった。

「やめろっ！」

筋骨隆々とした財田さんが突然現れたので、チンピラの連中は驚いたようだったが、また一人路地の奥から日本人離れをした体格の男が嬉しそうに歩いてきて、何語か分からないが、喧嘩を誘っているようであった。

財田さんよりも一回り大きいのだが、軽快にボクサーっぽいステップを踏んでいる。

財田さんには格闘技の経験はない。勝てるとは思えなかったが、咄嗟《とっさ》に懐に飛び込んで抱きついた。

そのまま引きつけて渾身《こんしん》の力で締め上げると、相手は悲鳴を上げて地面に膝を突いた。

何か罵りの声を吐き散らしていたが、そのとき誰かが連絡したのか、警察官が警笛を吹きながら路地の両側から現れた。

これは一方的に被害に遭っており、高校へもその旨連絡が行って、問題にはならなかったが、引き渡しのために保護者は呼び出された。

小夜子さんと木内君の親父さんの組み合わせだとまずいなと思っていたが、やってきたのは意外にも父のほうだった。

「あれっ？　お母さんは？」

「……それなんだが」

何だか顔色が優れない。

タクシーの中で、ぼそぼそとした小声で、「小夜子さんが乳がんであること」と「既に転移が進んでおり末期であること」を告げられた。

国立大の医学部に合格したことを報告に、その国立大の附属病院へと赴いた。

小夜子さんは、もう立ち上がることもままならないくらい衰弱していた。

枕元で合格したと話すと、

「よく頑張ったね」と、初めて褒めてくれた。

「今まで辛かったでしょう。ごめんね」

そして、意外なことを話し始めた。

「子宮破裂の出血で意識が朦朧《もうろう》としていたとき、お前が天を突くような大男と闘っている夢を見たのよ。……これはひ弱だったお前じゃ敵わない。だから、とことん身体を鍛えなきゃって、何故かそう思い込んだのよ。……私の思い込みで苦しませて、本当にごめん」

財田さんは唖然とした。その大男って……先日の……。

「ああ……家に帰って、御飯が炊きたい」

そう言うと薬が効いているのか、小夜子さんはそのまま眠ってしまった。


見よう見まねで土鍋で米を炊き、父親と二人で食卓を囲む。

「あのさ」

「うん？」

「俺って帝王切開で生まれたのかな？」

「……そうだな」

「すると、お母さんの子宮破裂って……」

「ああ、医学書を読んでいるのか」

「そうだよ。何も知らないで医学部へ行くのはチャレンジャー過ぎるだろ」

「お前が六つのときに第二子を妊娠したんだが、随分早くに強い陣痛が来て、調べたら子宮破裂だった。……お前が察した通り、以前の帝王切開の瘢痕《はんこん》が解離したんだな。出血も酷くて、もう危ないいんじゃないかと……」

箸が手元に落ちた。

「何度もそう思った……が、持ち直してくれた」

「そのときのお腹の子って……」

「死産だったが……元々何か病気もあったようだ。これはお前の気にすることじゃない」

「その位牌ってうちの仏壇にあるの？」

「あるぞ。まあ、当時は水子の位牌は一般的じゃなかったんだけどな。……小夜子が可愛らしいのを作らせた」

「ああ、あの丸まっちい木の……」

「そうだな」


小夜子さんは最期の一週間は意識が回復せず、眠りの中で逝ってしまった。

葬儀などが終わると、忙しない大学生活の中で、ふとあの塩むすびが無性に食べたくなった。

何度も挑戦するのだが、あの味はどうしても出ない。

しかし、意地でもいつか再現してやろうと思っていた。

数年が経ち、婚約した彼女を紹介するために母と水子の仏前に並んで座った。

彼女は詩織という名前で、木内君の妹である。

あの路地での喧嘩の際に、木内君と一緒に歩いていたのはこの子だった。

警察署の待合室で、お礼を言われたときから気になっていたのだが、その後付き合いが始まって、その後も順調だった。

ここまで因果めいたものが続くと、最早全て小夜子さんの手の内のような気がしたが、しかし結婚後にもし姑が健在だったらと思うと、なかなかにぞっとするものがあった。

詩織は少し天然懸かっていると言うか、歯に衣着せぬところがある。

あの母とは絶対に合わないような所があった。

仏壇に手を合わせた後、家の中を案内した。

父には将来結婚したら、この家を使わないかと言われていた。自分は地方の支店に誘われているのでそっちで暮らしてみたいのだという。

台所を見せていたとき、

「えっ？　今時、羽釜で御飯を炊いているのっ！」と、詩織が素っ頓狂な声を上げた。

「マイコン自動炊きで、十分美味しいでしょ！　私、絶対電気釜じゃないとイヤだからね」

財田さんは血の気が引いた。

途端に、背後の水屋がグラグラと揺れ出した。

「何？　地震？」

バコン、というとんでもない音がして、ガラスの引き戸が外れ、真っ二つに割れた伊賀焼の土鍋が転げ出してきた。

「詩織っ！」

続いて分厚い萬古焼の土鍋、伊賀焼のそれが次々と割れた。

詩織の頭も真っ二つにされそうな気がして、必死に庇っていると、いつの間にか異変は止んでいた。

「……何なの？」

「お前なあ……」

人には大事にしているもの、矜恃《きょうじ》にしているもの、譲れない物があるんだ。それを馬鹿にしてはいけない、と長々と説教した。

「……それは分かった。ごめんなさい。……でも、さっきのは何なの？」

「……それは」

話せば長くなるから、結婚後にゆっくり話すと返事をした。

# 処理落ち親子

加藤一

陽気が少しずつよくなってきた、とある春の日の話。

このところ、祖母はたまにぼんやりしていることがあった。

認知症を心配されたが、そうではない、心配は要らない、という。

そして、母もまた似たような顔をしている。

まるで「データ読み込み中のパソコン」のようで、何か脳の処理が追いついていなくて思考停止状態、といった具合である。

「お母さん?」

「……あっ。ああ、うん」

と我に返って気のない返事。

「どうしたん」

「何か、何日か前から怖い夢見よるんよ」

祖母も頷《うなず》く。

「何処か遠くの町が、洪水になって何もかも流される、そういう夢」

西日本で阪神淡路大震災を経験している母子は、往事の苦労を思い出したのか、〈ああ、いやだいやだ〉と頭《かぶり》を振った。

「何かあるんやろか」

「何にもないのが一番やねえ」

「せやなあ」

数日後、二〇一一年三月十一日、東日本大震災発生。

洪水――津波の夢は見なくなった。

# ぐるぐるぐるぐる

神沼三平太

「お母さんの怪談って、何ですかそれ」

時々取材に協力していただいている窪田さんという女性に母親絡みの怪談を集めているのだと相談をしたところ、そう返されてしまった。これは何も出ないかなと思っていたが、彼女は暫く考え込んだ末に、「これも、そうかなぁ」とやや煮え切らない口調で次のような話を教えてくれた。


彼女の同僚の岩崎さんが昔通っていた水泳教室には、妊婦の幽霊が出るという話があった。その姿を見るのは妊婦だけらしい。何故ならば、幽霊はマタニティ水泳教室の間に出るというのだ。

お腹の大きくなってきているお母さん達が、水に浸かって運動をしている中に、いつの間にか幽霊が参加している。

敏感な人であれば気付くというが、殆どの人は気付かない。指導員は気付いているのだろうが、敢えて無視するように振る舞っているらしい。

岩崎さんがその話を聞いたのは、彼女自身が妊娠中に通っていた水泳教室だった。何度か利用するうちに顔馴染みになったメンバーの間で、そんな話が出たのだ。

言われてみると、毎回見慣れない妊婦がいる。しかし、それが幽霊かどうかは岩崎さんには判断できない。

「でもね、その幽霊、夜にも出てるらしいのよ」

岩崎さんよりも十歳ほど年上の、高橋さんが声を顰《ひそ》めた。どうやらこのビルの夜間警備のスタッフに彼女の友人がいて、そこから話を聞いてきたとのことだった。

深夜巡回中に、プールの脇も通る。そのとき、お腹の大きなお母さんが、黒い水を湛えたプールの中で、ひたすらぐるぐるぐるぐる回り続けていたのを目撃したのだという。

「ぐるぐるってね、水中で前転するように、とにかくひたすら回転してたそうなんですよ。何でそんなことしているのかって、私、ちょっと思い当たることがあるんですよね」

窪田さんが第一子を妊娠しているときに、お腹の中の赤ちゃんが、暫く逆子だったのだという。逆子体操もしてみたが上手くいかなかった。

気ばかりが焦った。いざとなったら帝王切開かもしれない。

そう思い悩んでいたときに、マタニティ水泳教室で逆子が治るという話を妊婦仲間から聞いたのだ。

窪田さんは早速近所でマタニティ水泳教室を実施している施設を探し、実は逆子で悩んでいるのだと指導者に打ち明けた。

すると、水中で逆立ちをしたり、水中で前転をすると良いという話を教えてもらった。彼女はその結果、無事逆子が治ったというのだ。

「だから、その幽霊のお母さんも、きっと逆子を治そうとしているんじゃないかなって思ったんです」

ただ――何故その妊婦がプールに出るのか、正確な理由は分からない。だが、何か母子に不幸なことがあったのでなければ良いなぁと、窪田さんは祈るように言った。

# 線路沿い

神沼三平太

佐藤さんは、地元で線路脇の一角で道路工事をしているときに、深川さんから唐突に声を掛けられた。

「あのさ、聞いてくれるか？」

彼は五十代のベテラン警備員だ。

仕事中だったが、彼は警備の相方である佐藤さんだけでなく、周りの作業員にも声を掛けている。本来仕事中に私語をするのは御法度《ごはっと》だが、今の時刻は殆ど車も来ないので、佐藤さんは注意するのをやめておいた。

深川さんの口調がいつになく真剣だったのもその理由の一つだった。

「少し前なんだけど、線路脇に女の人が立ってたんだよ」

髪の長いワンピースの女なんだと彼は続けた。

その日の交通警備は、線路のすぐ脇を走る道路だった。片側車線を通行止めにしての工事だ。無線で相方と連絡を取りながら車を交互に通行させる。

ふと線路のほうから視線のようなものを感じた。深川さんの立っている道路と線路との間には金網がある。その金網の向こう側に女が立っていた。

何処から入り込んだんだ。

そう訝しく思ったが、無線が入ったのでそれに対応する。その間数秒だったが、その隙に女はすぐ近くまで近づいてきていた。戸惑いとともに思考が澱《よど》んだ。

見れば女は胸に赤ん坊を抱えている。

そして女は、まるで赤ん坊が泣いているかのように、身体を揺らしてあやす素振りを見せる。

「――でもさ、幾ら金網が隔てているっていったって、すぐそこだよ。それこそ三メートルもないのに、赤ん坊の泣き声が聞こえないんだ」

怖い。だが自分の受け持ちの箇所であるから、そこから離れることもできない。

どうしてこの女は金網の向こう側にいるのか。危ないじゃないか。列車が来たらどうするんだ。轢《ひ》かれちまうぞ。

そのとき、深川さんの考えを読んだかのように、少し離れた位置から踏切の警報音が響いてきた。

ああ、これはいかん。この女は赤ん坊を抱えて無理心中しようとしているのか。

深川さんは、やっとその考えに至った。

同時に不安がべったりと背中に張り付いた。目の前で人が死ぬのは見たくない。

深川さんは、女に声を掛けた。だが、その言葉は女には届かなかった。すぐ側を列車が轟音《ごうおん》を立てて通過したからだ。

「当たり前だけど、線路脇に人がいたら、運転手なら警笛鳴らすだろ？　でもそんなこともなかった。女はそのまま子供をあやしながら立ってるんだよ。俺はもう怖くなっちまってさ」

深川さんは、女に声を掛けるのをやめた。

更にそれから二回電車が女の側を通ったが、女は微動だにしない。

「それでやっと気付いたんだよ。真っ昼間だけど、この女は幽霊じゃねぇのかってよう。それで見ないように見ないようにってしていたんだけどさ、三本目の電車に赤ん坊を抱えたまま飛び込んで、そのときはそれっきり消えちまった」

話を聞いていた作業員達も、佐藤さんも、声を上げられなかった。

彼は仕事中に何でこんな怪談話を話し始めたのか。

深川さんは背後の線路を見ないようにして指差した。

「ここなんだよ。女が立ってたのは、ここなんだよ」

全員が指の示す先を見つめた。

女の立っていたのは、その真ん前だったのだと、深川さんは繰り返した。

「でさ、ここからが本題なんだけど――今も見えてるんだよ。だから俺は怖くて怖くて。もう限界なんだよ」

深山さんは今すぐここを離れたいのだと訴えた。

彼は線路に背を向けている。顔色が悪い。人はこんなにも真っ青な顔ができるものなのか。

「だからさ。配置の場所変えてくれねぇか。じゃなかったら早退させてくれよ」

耐えきれなくなったのか、深川さんはその場に蹲《うずくま》ってしまった。

「あの女が抱っこしてる赤ん坊はさ、もう死んでんだよ。で、女は助けてくれってずっと俺のほうを見て呟いてるんだ。今だって工事の音でこんなに煩《うるさ》いのに、耳元で囁《ささや》いてるみたいにしっかりと聞こえてるんだよ！」

そんな深川さんの訴えに、周囲の作業員達がざわめいた。その内容に佐藤さんが耳を傾けると、皆は深川さんが語った女を自分も見たと言っていた。

「お、俺も助けてって声は聞こえてた」

「女の姿見えると思ってたのは気のせいじゃなかったのか」

「いるよな、確かにいるよ」

次々と目撃談が出てくる。普段ならお化けなど見ることのない佐藤さんにも、何となくそこに赤ん坊を抱いた母親の幽霊が立っているような気持ちになった。

日差しの照りつける中、うすら寒さを感じる。

「おいっ、お前ら落ち着け！」

そう一喝したのは現場監督だった。

「佐藤さんには見えていないんですよね。それじゃ、配置換えしても良いですか？」

確かに見えるような気がしているだけで、何かがはっきりと見えている訳ではない。現場監督の提案を了承する。

周囲の反応に気持ち悪さはあるが、直接見えないなら気にしなければいいのだ。

佐藤さんの返答に、監督は頷いた。檄《げき》を飛ばすように作業員達にも声を掛ける。

「他の奴らは線路から少し離れて仕事に専念しろ。今日だけの突発の現場だ。さっさと終わらすぞ。深川さんは、気持ち悪いだろうけど、今日一日頑張ってくれ」

監督の采配で、気持ちが入れ替わったのだろう。全員が動き出した。

皆気持ちが悪かったのだろう。予定よりも三時間も早く現場が終わった。


「大丈夫だったかい、佐藤さん」

仕事終わりの挨拶のときに、監督が気遣って声を掛けてくれた。

「俺ね、見えるほうなんだよ。そんでさ、深川さんに場所変わってもらったじゃない。それからさ、あんたの横に女が立って、助けて助けてって、力が抜け切った赤ん坊を見せながら繰り返してたけど、平気だった？」

たった今平気じゃなくなりましたと返事をする。

監督は、その返事が聞こえたのか聞こえなかったのか、そのまま話を続けた。

「ありゃ、赤ん坊は既に死んでたんじゃねぇかな。あの女は、死んじまった自分の子供と死のうとしたんだろ。でも自分が死んでも子供だけは助けてもらいたくて、いつまでも助けを求めてるなんて、母親は死んでも母親なんだな――」


それからも深川さんは線路脇の現場を担当するたびに、女が寄ってくると繰り返している。

「大体あの場所から一キロ圏内だと危ないんだよ。線路脇じゃなきゃ出てこないが、不意に視線を感じて、ちょっと顔を上げると、線路脇から縋《すが》るような顔してこっちを見てんだよ。怖くて堪らねぇよ――」

女の声を聞いたという作業員も、およそ同じようなことが続いているという。

その話を聞いた現場監督は、いつものことだよと、あまり意に介した様子はなかった。

「道連れが欲しいんだろ。子供が死んだから自分も列車に飛び込んだっていうのに、それでも子供のことを助けてくれとか、矛盾してるよな。贅沢《ぜいたく》だよ」

佐藤さんは、子供を助けてほしいと訴える母親の幽霊を想像する。

哀れだ。しかし、その矛盾したところに怖さを感じた。見えなくて良かった。

「ほら、よく母の愛とかいうけどさ、そんなになってまで振り回される赤ん坊の身になってやれよって、俺なら思うけどな。佐藤さんどう思う?」

現場監督に振られた問いに、佐藤さんはいつまでも答えることができなかった。

# 青い卵

神沼三平太

「カラスの卵は青いのよ」

それがいつまでも心に残っているのだと今泉さんは言った。

「母親は自分にとって得体の知れないところのある人でした。記憶を辿ると、幼い頃にはとても優しい母親だった——と思います。我が家には私が物心付いた頃から父親は家にいませんでしたので、母子家庭だったという認識です。ただ、何故か私は冷ややかなところのある子供だったので、多分母親にとってはあまり可愛げのない娘だったはずです」

だから母親とは、実のところあまり交流ができていなかったのだと、彼女は呟くように打ち明けた。

「それよりも、母親の傍にはいつもカラスがいたのを覚えています。家の周りに巣でも作っていたのでしょう。いつでも黒い影が空をくるくると舞っていましたし、人を馬鹿にするような鳴き声が響いていました」

母親はカラスのことをまるで気にしていなかったようだった。娘が威嚇されて怖がっていても、カラスはとても美しいいし、可愛らしい鳥だとまで言った。

その感覚は娘としても、よく分からなかった。

その母親は、まだ若かった頃に、おかしくなったことがあったのだという。

今泉さんはそう言うと、「私、正直なところ、それから卵が苦手になっちゃったんですよ」と続けた。

今もできるだけ食べたくない。すき焼きで溶き卵に付けて食べるのは早々にやめてしまったし、半熟卵も食べられない。ミルクセーキもカルボナーラもだめだ。最近では茶碗蒸しやプリンも食べられなくなってしまい、周囲には軽い卵アレルギーなのだと説明している。


ちょうど今泉さんが中学二年生に上がった初夏の頃だったと記憶している。中学校から帰ると、母親が何故か全裸で布団に横たわっていた。

どろどろの粘液で覆われた青い小ぶりの卵が傍にあった。

「お母さんどうしたの、そんな格好で」

中学生の今泉さんにも性に関しての知識はあった。声を掛けた直後に、もしかしたら、母親は押し入った男性に乱暴されたんじゃないだろうかということに思い至った。

慌てて周囲を見回す。だが、どうやらそういうことではないようだった。

「――産んだの。カラスの卵は青いのよ」

目は細く開いていたが、何処も見ていなかった。そう告げると、母親は目を閉じて静かに寝息を立て始めた。

どうしていいか分からずに、とりあえず風邪など引いてもらったらまずかろうと、横に丸まっていたタオルケットを掛けた。

当の母親は夜に目を覚まし、頭が痛いと言いながら起きてきた。手にティッシュで包まれたものを持っていたが、今泉さんはそれについては訊かなかった。

まっすぐ風呂場に向かい、シャワーを浴びて出てきた母親は、寝ている間に何かおかしなことはなかったかと訊いてきたが、今泉さんは何もなかったと答えた。

それは何もなかったと信じたかったからだ。

母親の狂言、又は自分の見間違い聞き間違いで済ませたかったからだ。


だがその事件があって以来、母親は前にも増しておかしくなった。家にずっと引きこもっているのだが、どうも娘に隠れて何かをしている。隠し事をされるのは気に食わなかったが、だからといって今泉さんには母親を糾弾することはできなかった。

学費も生活費も母親の貯金から出ているのだ。

子供なのだから仕方がない。

街中に出ていってトラブルを巻き起こされるより、よほどマシだ。

ただ、どうも据えた臭いがするのには閉口した。

母親の女の臭いに吐き気を覚えたのも一度や二度ではない。だが、母親に男の影は感じられなかった。

巧妙に隠しているのならば別にいい。母親だってまだ若いといっていい年齢だ。女の幸せを求めたって良いだろう。今泉さんは実際に母親に彼氏ができたのなら応援しようと考えていた。

だが、どうも母親にはそういった存在はいないようだ。

本人も彼氏なんていないよと笑うばかりだった。


母親の様子がおかしいまま、今泉さんは高校三年生になっていた。

そんなある週末のこと、今泉さんは昼食を用意しようとして、普段開けない冷蔵庫のチルド室を覗いて悲鳴を上げそうになった。

ティッシュに包まれた青い卵が十個、いやそれ以上の個数が詰まっていた。

これは何事だ。誰がこんなことをしたんだ。

そんなことは自明だった。母娘のたった二人しかいないのだから、母親がやったのに相違ないのだ。だが、それを信じたくない気持ちのほうが大きかった。

だから今泉さんはその場に母親を呼んで、この青い卵は何なのかと訊ねたのだという。

その疑問に対する解答は、数年前のあの初夏の出来事をまざまざと思い返させた。

「それは、全部お母さんが産んだのよ。前にも言ったでしょう。カラスの卵は青いのよ」

家の周りで一際大きくカラスが鳴いたような気がした。いや、もしかしたら今のぎゃあという鳴き声は、家の中から聞こえたのかもしれない。

「何それ」

全く頭が追いつかない。だが、母親の答えは、更に手に余るものだった。

「信じなくてもいいわ。でも世の中にはね、そういうことがあるの」

そのとき作った昼食を母親は食べてくれなかった。


あんなにたくさんのカラスの卵を、母親はどうやって手に入れたのだろう。

自分で産んだと言っていたが、そんなことがあり得るのだろうか。

人間の女の身体から産まれたカラスの卵――。

そうすると、あの卵からは何が生まれてくるというのだろう。


今泉さんが高校三年生の冬の寒い日に、母親は予告なく家を出ていった。

もう大人なのだから、一人で生きていきなさい。

そう書き置きが残されていた。

キッチンの流しを見て叫び声を上げた。冷蔵庫の青い卵が全て割られていた。そして、胎児のようなものが、割られた殻に幾つも引っ掛かっていた。

有精卵だったんだ。

そこまでは理解したが、それ以上は考えるのをやめた。カラスの有精卵？　どうしたらそんなものを手に入れられるというのか。

その日以来、母親の顔は見ていない。

今泉さん自身は、元々進学するつもりはなかったので、高卒で事務職に就いた。幸い家は母親の持ち家だったので、女一人が食べていくくらいのことはできた。数年の間は時折今泉さんの口座に振り込みがあったが、成人を迎える頃には、それも途絶えた。

「ずっと音信不通だったんです。それに変化があったのが四年前で、実際には家を出てから十五年以上経っていた訳ですが――」

母親が亡くなったので、遺骨を引き取ってほしいと役所から連絡が来たのが去年のことだった。母親は縁もゆかりもない土地に一人で暮らし、結局孤独死したらしい。今泉さんには感慨は特になかった。ただ、遺骨を引き取りに行き、母親が暮らしていたというアパートの大家さんにも御挨拶に伺った。

「ごめんね、気を悪くしないでね」

風貌に猫じみたところのある大家の女性は、母親がどう暮らしていたかを教えてくれた。

彼女は何羽ものカラスを手懐《てなず》けており、周囲はとても迷惑していたらしい。

今泉さんはそのことについて黙って頭を下げた。

別れ際に大家の女性が言った。

「あの人から、何度か青い卵を貰ったんだけどさ、やっぱり気持ちが悪くて食べてないのよ。うちの冷蔵庫に入ってるけど、あんた持っていくかい。お母さんの形見になるでしょう？」

今泉さんはその提案を丁重に断り、その卵は早く棄てたほうがいいと思うと告げて別れた。

自宅に戻り、仏壇代わりに箪笥の上に母親の遺骨を置いた。

途端に家のあちこちから、カラスの鳴き声が聞こえ始めた。

「多分、母は亡くなってから、念願通りカラスになったんだと思うんです——」

遺骨を受け取って暫くして、大家さんのところから、一回だけ連絡が来た。青い卵をディスポーザーに掛けようとしたときに割ってしまったら、中からは人間の胎児のようなものが出てきたという報告だった。非難するような口調だったが、今泉さんは私には何も分かりませんとだけ答えた。ただ電話口のヒステリックな女性の声を聴きながら、あの大量の卵達は、自分の弟や妹だったのかもしれないと、何となくそう思ったという。

# 始末

高野 真

どん。ばさ。がちゃ。ずずず。ばらばら。

私はベッドで目を覚ます。外はまだ暗い。

ばさばさばさ。ばらばらばらら。がたん。ぎぎぎ。

ドアを隔てた居間から物音がする。

私は一人暮らしである。飼い猫なら胸の上に載っている。

私はこの物音の正体を知っている。

母である。


母は昔から片付けの苦手な人であった。

食べきれない菓子と使いきれない食材が積み上げられた食卓。

何年も着ていない服で箪笥が埋まり、買ってきた服はそのまま山と積まれる。

積み木の城となった本を右へ左へ避けながら床にお盆を置いて食事をしていると、猫が同じように私達の隣で器に顔を突っ込んでいる。

うちの家はお友達の家とはちょっと違うな、ということは幼いうちから分かっていた。

それはこうした家の有様だけでなく、いわゆる家庭環境という奴も同じであった。

母は心の隙間を埋めるように物を買って買って買い続けた。

今にして思えば、果たしきれない人への執着を物への執着に転化させていたのだ。

そのうち、私はゴミ屋敷というものを知った。

幸いにして当時の母にはゴミは捨てるものという常識は備わっていたようだが、何がゴミかを判断することは苦手であったから、行く末は同じように思われて私は恐怖した。

しかし、掃除や片付けをするように言うと、母は烈火の如く怒るのだ。

勝手に物でも捨てようものなら、字面通りに手が出る足が出ることは必定である。

だから高校進学を機に私は家を出た。祖父母宅に身を寄せたのだ。

学びのためではなく、この家から逃れるために。

けれども結局は舞い戻っているのだから、運命からは逃れられないということか。


どん。というのは、足でドアを閉める音だ。

ばさ。というのは、積んだ本が崩れる音。

がちゃ。というのは、床に置いたままの食器に足でも引っ掛けたのだろう。

ずずずと布団を引きずれば、溢れた猫のエサがばらばらと零れ落ちる。

そうして、物を家中に増やして増やして増やし続けて――。

あっけなく母はこの世を去った。
父はとっくに家を出た。私に兄弟はいない。
だから母が遺したこの家と物の後始末は、私が一人でやらねばならないのだ。
開封すらされないまま消費期限を迎えた菓子の処理から私は手を付けた。
埃の積もった箱から取り出した皿を、そのままビニール紐で縛り上げる。
無造作に積み上げられたアクセサリー類を、一掴み、二掴みとゴミ袋へ投じる。
しつけ糸すら取られていない正絹の着物さえももう構わない。
しかし——捨てても捨てても減らない物どもに、私がすり減らされていく。
物に気力も体力も吸い取られたかのように、ベッドの中で放心することが多くなった。
その頃からだ。家の中に母の気配を感じるようになったのは。

どん。ばさ。がちゃ。ずずず。ばらばら。
ばさばさばさ。ばらばらばらら。がたん。ぎぎぎ。
私の神経を逆なでするように、物音が響く。
母が、今も動き回っているのだ。自らが溜め込んだ物を、私に始末させておきながら。
私の苦労も知らず。死してなお好き勝手に物音を立てて。
私の心も今、音を立てて割れた。

私はどたどたと足音を響かせながら居間へ向かう。

私はその勢いのままドアを足蹴にして押し開ける。

私は壁に手を叩きつけるように電気のスイッチを入れる。

私はそこに母の姿を見た――気がしたのだ。

しかし、そこには。崩れた本やひっくり返った猫のエサ皿とともに、以前何処かの温泉地で買ってきた一メートルほどもあるこけしが転がっているばかりであった。

# 親心

高野 真

久しぶりの、家族揃っての遠出であった。

見渡す限りの青々とした芝生に、何者にも妨げられることのない空の広がり。

猫の額を思わせる自宅の庭とは違う光景に我が子は目を輝かせ、少々覚束《おぼつか》ない足取りながらも声を上げ嬉しそうに駆け回っている。

私達夫婦はベンチの上で肩を寄せ合って、そんな姿を眺めている。

結婚するまで想像だにしなかった、幸せな時間。

ちょっと遠回りはしたけれど、この公園に立ち寄って良かった。

ぴろり。妻の鞄から微かな音が漏れる。

何か熱いものにでも触れたように妻の身体が反応する。

恐る恐るといった様子でスマートフォンを取り出す。

画面をタップする表情は固唾《かたず》を呑むという慣用句表現そのままである。

身体中の空気が抜けてしまいそうな大きな溜め息。眉間に刻まれた深い深い皺《しわ》。

差し出された画面にはメールアプリが起動していて。

――今何処にいて誰と何をしているの。

一人っ子というのはつくづく因果なものだと私は思う。

兄弟がいれば分散していたはずの親や親戚、周囲の目が、望むと望まざるとに関わらず、一人に集中してしまうからだ。

親自身も一人っ子であった場合は更なり。

己が受けてきた愛情と表裏一体の庇護欲を、増幅させて我が子に接してしまうのだ。

小学生から中学生、高校生へ。実家で暮らすうちはその手その目からは逃れられぬ。

しかし大学へ進学し一人暮らしを始めても、社会人になっても扱いは変わらなかった。

――今何処にいて誰と何をしているの。

休日はおろか、平日でも少し帰宅の連絡が遅くなるとメールが入る。

良家の子女ならともかく、あまりに過保護ではないかと思ったところで通じない。

すぐに返信すれば事なきを得るが、うっかり気付かずにいると二通三通とメールが届き、遂には電話が掛かってくる始末では、なるほど交際相手とも長続きはするまい。

結婚できたのはほんとに奇跡。妻の言葉の通りである。

――今何処にいて誰と何をしているの。

スマートフォンを差し出す妻の目が真っ赤である。

何て返事したらいいのよ。私どうしたらいいのよ。うわ言のように繰り返している。

けれども、お互いに分かっているのだ。そんな問いが無意味なことぐらい。

何故ならそのメールの送り主は、仏壇の中にいるからである。

「黙ってないで何とか言ったらどうなの。元はと言えば」

そう。原因は私なのだ。このメールは私の母が送っているのだ。

結婚をしても、子供が生まれても、母からのメールは続いた。

体調を崩して入院すると、病床に持ち込んだ携帯電話から母はメールを寄越し続けた。

だから昨年とうとうこの世を去ったとき、私は内心安堵すらしていたのだ。

それなのに。

四十九日の法要も無事に終わり、外で何か食べて帰ろうとしたときのこと。

思わぬ渋滞に巻き込まれた私のスマートフォンが蠕動《ぜんどう》した。

——今何処にいて誰と何をしているの。

それが第二の始まりであった。

最初はメールサーバーの不具合か何かかと思った。次に悪戯の可能性も疑った。

けれども、そのどちらでもないようだった。

外出していて、予定より遅くなりそうなときに限ってそのメールは来るのだ。

放っておくと二通目、三通目がやってくる。首を捻りながらも帰宅して、仏壇のお鈴をちんと鳴らして暫く経ってから、四通目が来ていないことに気付く。

念のため、遺品の携帯電話も調べてみた。電池が死んでいるのか、電源すら入らない。

返信してみると、サーバーエラーで戻された。解約しているのだから当然だ。

それでも何度も続くものだから、母のメールアドレスを着信拒否にした。

するとメールは、妻のスマートフォンに届くようになった。

確かに、妻のメールアドレスも母は知っていた。運転中の私が返信しないでいるときなど、妻の手元へメールが届いていたのを覚えている。

生前と同じことを繰り返していると気付くまでに、そう長い時間は掛からなかった。

気味悪がる妻にも着信拒否を薦めたが、それは嫌なのだと彼女は言う。

「メールが誰にも届かなくなったとき、本人が出てきたらどうするのよ。それより、あなたが着信拒否を解除すれば済むんじゃないの」

言われて初めて気が付いた。着信拒否設定を解除してみる。

以来、メールは私達夫婦の許へランダムに届く。

先ほどから妻が何事かキンキンと言っている。一度火が点いてしまうと止められない。

こんなヒステリーを起こすようになったのはいつからだろうか。

母からのメールが届くようになってからではないのか。

メールはいつものことなのだし放っておこう、そろそろ帰って仏壇に報告しよう。
口を開こうとして、我が子の姿が見えないのだと妻が言っていることに気が付いた。
名前を呼びつつうろうろしていると、我が子はすぐに戻ってきた。
親の心子知らず。額に汗かきズボンには泥が付いているが、楽しそうである。
その小さな肩をがくがくと揺さぶって妻は言う。
今まで何処で誰と何をしていたの。
傍らでは私のスマートフォンがぶうんと音を立てて、メールの着信を知らせている。

# ぷよぷよ

しのはら史絵

昭和四十年代に起きた話だ。

ある年の八月、沙由美さんの祖父が亡くなった。

中小企業を経営していた祖父の葬儀は、大きな寺院で執り行われた。

同じ会社で役員として働いていた彼女の両親と祖母は、準備や大勢の参列者達への挨拶があったため、通夜から寺に泊まり込みであった。

当時、十歳であった沙由美さんは、大きな邸宅に両親と中学一年生になる姉、亡くなった祖父、そして祖母の六人で暮らしていた。

通夜の日は夜通し祖父と一緒にいたいと姉は願ったが、祖母から強く反対され、子供達二人は一旦帰宅したという。

だから、告別式の日は子供達だけで、家から電車を乗り継ぎ、寺院へと向かったそうだ。

山門の前には、喪服姿で腕に腕章を着けた男性が、何人も立っている。

空から降ってくるような蝉の鳴き声が響く中、その山門を抜けると、沙由美さんの母と祖母が目ざとく彼女達を見つけ、駆け寄ってきた。

「沙由美、昨日渡した数珠はどうしたの？」

母からそう訊かれ、彼女は慌ててバッグやポケットの中を探った。

通夜のときに着けていた、数珠は何処にもない。

「あれほど、忘れずに持ってきなさいって言ったのに。まさか、失くしたんじゃないでしょうね」

母の目が吊り上がる。

物心が付く頃から沙由美さんは、注意力散漫な子供であった。

忘れ物が多く、授業にも集中できない。当然、成績は常に最下位である。何かに気を取られるとそちらに集中してしまうので、登校の際にはしばしば遅刻をし、遠足でもよく迷子になった。物もよく失くした。ただ一つ不思議だった点は紛失物が見つかる先が、いつも沙由美さんが行った覚えのない場所であったということだ。

周囲からは〈何を考えているのか分からない子〉、〈突飛な行動をする子〉として、気味悪がられていたそうだ。

両親は病気を疑い、彼女は何度も病院に連れていかれた。

しかし、検査をしても毎回結果は異状なし。知的にも問題はないと、医者から言われていた。

そんな彼女に母はいつも厳しく接していたので、沙由美さんは母親が苦手であった。

けれども、祖母は違った。

「お前には他の子とは違う、不思議な力がある」と、可愛がってくれたそうだ。

今回も母親から酷く怒られるとビクビクしていた沙由美さんであったが、祖母が助け舟を出してくれた。

「私のものを使いなさい」

そう言って、薄紫色の数珠を差し出してきた。

「でも、お義母《かあ》さん――」

母親が言いかけた言葉を祖母は手で遮り、

「このお寺だから……」

と、小声で言ったことを、沙由美さんは今でもよく覚えている。

そして、「肌身離さず持っていなさい」と祖母から言われ、数珠を受け取ったのだ。


それから暫くして、告別式が始まった。

広い本堂の中、住職の読経だけが響き渡る。周囲を見渡しても、黒い喪服姿の参列者達しかいない。

祖父の遺影はむせ返るように甘い匂いを放つ、たくさんの白い花々に囲まれていた。

興味が持てるものがない中、暫くは花を見て時間を潰していた彼女であったが、飽きてしまうのは時間の問題であった。

集中力が切れた彼女は、隣に座っていた姉の目を盗み、本堂を抜け出したのだ。

先ほどまでは大勢の参列者達で溢れ返っていた境内も、葬儀が始まった今は人もまばらである。

祖母から借りた数珠を失くさないように、スカートのポケットの中に入れた沙由美さんは、人目を忍ぶように境内の端に移動した。

雑草を摘んで遊ぶか、虫でも採るか——葉桜に変わって大分経つ桜の木々の下で、彼女が屈んでいると、「沙由美ちゃん？」と、女性の声で呼び掛けられた。

まずい、見つかったか。

親戚の一人に声を掛けられたと思った彼女は、慌てて立ち上がった。

「ああ、やっぱり沙由美ちゃんだ」

すぐ傍に立っていたのは、二十代ぐらいの美しい女性であった。

けれども、その女の人の顔を見ても、誰だか分からない。

「覚えてないと思う。私がいた頃、あなた、まだ赤ちゃんだったから——」

その女性の話によれば、沙由美さんが二歳の頃まで、彼女の家で女中として働いていたそうだ。

この日は、お世話になった祖父の葬儀に来たという。

「ねえ、あっち行かない？　遊べるところがあるよ」

と、女性は広い境内の奥を指差した。

その女の人が、以前家で働いていたとしても、沙由美さんは全く覚えていない。

加えて、よくよく見るとその女性は普段着であった。半袖の白いブラウスに、黄色いフレアスカートを履いている。

沙由美さんは、葬儀に喪服以外の服装でくることに、違和感を覚えた。

知らない人や怪しい人には付いていくな——親から常日頃、口酸っぱく言われていた彼女は警戒した。

だが、その場から去ろうとしても、見覚えのない大人を前に緊張し、身体が思うように動かない。

「沙由美ちゃんのお姉ちゃん、味噌ラーメンにバター入れて食べるの好きだったよね」

確かに、家で味噌ラーメンを食べるとき、姉はいつもバターを入れている。

用心していた彼女の様子を見て、女性は警戒心を解こうと思ったのだろう。

姉の好物を話に出された沙由美さんはすっかり信用してしまい、「こっちだよ」と先を歩く女性の後を追った。

遊べる場所って、どんなところだろう。

わくわくしながら後を追った彼女であったが、追いかけても追いかけても、何故だか追いつけない。女の人は特に早足で歩いている様子はない。けれども、沙由美さんが走り出しても距離は一向に縮まらず、常に一定の距離を保っていた。

追いつけないいなら、戻ろうか。

そう思うたび、「こっちよ」と女性の優しい声がする。その声を聞くと、ついつい女性の後を追いかけたくなるのだ。

進んでいたのは、まっすぐな一本道。右側には桜並木が続いていたが、奥へ奥へと誘《いざな》われるうちに、木々の並びはなくなり藪《やぶ》が深くなっていった。

どれだけ走ったのだろうか――藪が茂っていたせいか日は陰り、辺りは薄暗くなってきた。また、夏の暑さもあり、沙由美さんは大量の汗を掻いていた。

喉が異常に渇く。水が飲みたい。

ジリジリと耳障りな蝉の声が、より一層彼女の疲労感を増していく。

大粒の汗が額に流れ、やはり帰ろうと思ったとき、女性がある一軒の小屋へと入っていくのが見えた。

何か飲み物でも貰おうと、沙由美さんはそっと扉を開けた。

開けた途端、ぷん、とお菓子のような甘い匂いが漂う。

中を覗くと、何もない部屋の床にあの女性が座っていた。

先ほどまでと違う点は、赤ん坊を抱いていることだ。

女性は胸をはだけ、赤ん坊に乳を与えていた。

赤ん坊は目を閉じながら、口を微かに動かし、ごくごくと母乳を飲んでいるようだった。

ごくりと、沙由美さんの喉が鳴る。

異常な喉の渇きもあってか、赤ちゃんでもないのに、無性に母乳が飲みたくなった。

「おいで」とでもいうように、女性は人差し指を、つ、と彼女に向けて差し出してくる。

美味しそうだと思った沙由美さんは、女性に駆け寄ると、無我夢中でその人差し指をしゃぶり始めた。

何故、指が美味しそうだと思ったのかは、自分でも分からない。

母乳なのか、指先からは蜂蜜が入ったようなミルクが、止めどもなく流れ出てきた。

美味しい。美味しい。美味しい。

ごくごくとそれをお腹一杯になるまで飲み、もう要らないと指先から口を離す。

その瞬間、女は沙由美さんの顔を両手でガシッと掴み、自分の乳房に押し当てた。それから、彼女の顎を掴み、口を開けさせ、乳を吸わせるかのように無理矢理乳首を咥《くわ》えさせたのだ。

ぷるんと弾力のある乳首の先端からは、先ほどと同じ味の母乳が吸わなくても流れ出てくる。

止めてと必死にもがいてみても、強い力で抑えつけられているので、顔が乳房から離れない。

もがいているとき、目に入ったのは女の足元――床に転がされていた赤ん坊であった。

ついさっきまで生きていたのに、今目にしている赤ちゃんは、ソフトビニール製の人形だ。

赤ちゃん人形の丸くて青い目が、じっと沙由美さんの様子を見ている。

その間にも、母乳はどんどん彼女の体内に流れ込んできた。


苦しい。家に帰りたい。

そう思うたび、女の声が聞こえてくる。

――家に居場所なんてないでしょ？

嫌だ。家に帰る。

――また、怒られるよ。

でも、苦しい。

――お姉ちゃんと比べられる毎日でいいの？

――ここにいればいい。ここにいて子供を産むの。


耳に入ってくる女性の誘惑。飲みきれなくて口の端から溢れてくる母乳。じっと見てくる赤ちゃん人形。遠くから聞こえてくる耳障りな蝉の声――。

しかる間《あいだ》に、沙由美さんの腹は、妊婦のようにみるみる膨らんでいくのが分かった。

このままだと、お腹がはち切れて死んでしまう。

このとき、祖母から言われた「数珠を肌身離さず持っていなさい」、という言葉を思い出した。

彼女は動かせる手を必死にポケットの中に入れ、祖母の数珠を出した。

その瞬間だった。

お腹が急激に激しく痛み出す。股から温かい液体が、シュバッと大量に出てきた。

女が沙由美さんから手を離す。

そして、両肩をドンッと強い力で押され、彼女は床に倒れ込んだ。

七転八倒するような痛みに襲われ、うーうーと唸りながら床を転げ回っていると、何か股から熱い塊がズルリと下りてくるのを感じた。

意識が次第に遠くなっていく。そんな中、女は沙由美さんのスカートを捲《めく》り、下着の中に手を入れてくる。

股から出た熱いモノを掴み出すと、「見ろ」とばかりに彼女の前に差し出してきた。

女の手に握られていたのは、手のひら大のぷよぷよとした白い塊であった。

――できそこないだ。余計なことをしよって。

女の吐き捨てる声を聞きながら、彼女の意識は途絶えた。

目が覚めると、白い部屋にいた。天井の蛍光灯が煌々《こうこう》と点き、まぶしかった。

母親や祖母、姉が心配そうな顔で自分を見下ろしている。

「大丈夫？　今救急車が来るからね」

次第に頭がはっきりしてくると、自分はトイレの床に倒れていることに気が付いた。

皆が喪服姿のままだったので、寺院内のトイレであることは確かだろう。

股がじんじんと痛む。スカートはびちょびちょに濡れ、床には水溜まりができていた。臭い匂いでそれは小水だと分かった。


それから、病院に運ばれた後、様々なことが判明した。

まず、沙由美さんが葬儀会場を抜け出して、倒れているところを発見されるまでの時間は、僅か十五分足らずであった。

姉の目を上手く盗んだと考えていたが、本堂を出るときに気付かれ、放っておくと何処に行くか分からない妹を心配した姉は、沙由美さんの後を追ってきていた。

「沙由美は、外になんか出てないわよ。廊下にあったトイレに、すぐ入ったんだから」

トイレの外で待っていた姉は、なかなか出てこない妹を心配し中に入った。そして、床に倒れていた沙由美さんを見つけたのだ。

驚いた姉はすぐに母親に知らせた。葬儀を途中で中断させる訳にもいかず、父親は会場内に残り、母と祖母、姉の三人がトイレに駆けつけてくれたのだ。

しかし、彼女は後にも先にも、トイレに行った記憶が全くない。

加えて、外に出てからあの女の後を追い、例の小屋で過ごした時間を考えると、少なくとも一、二時間ぐらいは経っていないとおかしい。

不思議に思った沙由美さんは、その頃、性の知識もなかったこともあり、外で自身が体験した一部始終を、母親達に赤裸々に打ち明けてしまった。

女の指先を舐め、母乳を飲み、何か股の間から白いモノが出てきたことを説明すると、母親は卒倒せんばかりに驚き、すぐに婦人科での検査も追加された。

今から思えば、母は沙由美さんが知らない男に犯され、衝撃のあまり記憶が混乱していると思ったのだろう。

だが、全て検査したところ、異常は見つからなかった。

彼女の妙な体験も、倒れたときに頭を打っていたことから、一時的に記憶が混濁したものだと診断された。

母親はホッと胸を撫で下ろしていたが、彼女は納得できなかった。

本当に、あの女も実在する人物ではないのか――疑念を抱いた彼女が病室にいた母親と祖母に訊いてみると、確かに沙由美さんが二歳の頃まで女中を雇っていたが、五十を過ぎた初老の女性で、あの女のように若くはなかったという。

入院中、当時の写真も見せてもらったが、あの女とは似ても似つかない別人であった。

床に頭を打ち付けたショックで、架空の人物を作り出したに違いない。皆からそう説明を受けたが、どうしても沙由美さんは納得できないでいた。

あの女とのやりとりも、美味しかった母乳も、のたうち回るほど痛かった腹痛も、股から出た熱いぷよぷよとした白い塊も、妙に生々しく記憶と身体に刻み込まれていたからだ。

加えて、祖母から借りた数珠。

けれども、幾ら皆に訴えても、信じてはもらえない。

退院するまで、ずっと混乱していた彼女を見た祖母は、「そのうち記憶が戻るから」と、何度も慰めてくれた。

そんな祖母の励ましもあり、全てを呑み込むことはできなかったが、沙由美さんは次第に落ち着きを取り戻すようになっていったという。


一時は沙由美さんの件で騒然とした家族間も、彼女が無事に退院したことで、また日常が戻ってきた。

母親も安心しその反動がきたのか、沙由美さんは葬儀での一件を酷く叱られた。

姉に黙って席を立ったことが、よほど気に入らなかったらしい。

日頃から、親でも予測が付かない行動をし、頻繁に迷子になっていたので、怒られるのも無理はないのだが、彼女はまた居心地の悪い生活を強いられるようになった。

あのとき、あの女の言うままに、あの場に残っていたらどうなっていたのだろう。

やはり、子供を産まされたのだろうか。でも、母乳を飲むだけで、子供ができるのだろうか。

そういえば、祖母の数珠を出した途端、お腹が急激に痛くなり、ぷよぷよした白い塊が股から出てきた。女はその塊を見て、〈できそこない〉と、言っていた……。

その祖母から借りた数珠は、失くしてしまった。もし、トイレにだけ行っていたのなら、数珠をポケットから出すことはなく、紛失することもなかったはずだ――。

このときの沙由美さんは冷静な状態で、あの日起きた出来事を振り返ることができていた。

まず、不思議に思ったのは、祖母の言動である。

通夜の日も姉は寺に泊まりたいとお願いしていたが、祖母だけが強く反対していた。

そして、自分が数珠を忘れたとき、母に告げた「このお寺だから……」という意味深な言葉。

病室で女の特徴を話したときも、祖母だけは何処かそわそわとした様子で、こちらを見ないようにしていた。

もしかすると、祖母は何か知っているのではないか――子供ながらにそう考えた沙由美さんは、思い切って訊いてみることにした。

「ねえ、お祖母《ばあ》ちゃん。本当はあの女の人、知ってるんじゃないの?」

母に怒られるたびにいつも逃げ込んでいた祖母の部屋で、唐突に切り出してみた。

座卓机でお茶を啜《すす》っていた、祖母の動きが止まる。

「何だい、急に」

今まで沙由美さんに菓子を与え、ニコニコしていた祖母の顔が無表情になった。

「白いブラウスに、黄色いスカートの人。お祖母ちゃんに話したとき、様子が変だったもん」

身を乗り出して再度迫ってみると、暫く無言を貫いていた祖母が溜め息を吐いた。それから、

「……沙由美には、知る権利があるかもしれないね」と、ゆっくり口を開いた。

「昔、お祖父《じい》ちゃんにはね、お祖母ちゃんの他に好きな人がいたんだよ……その人も白いブラウスに黄色いスカートを穿《は》いていてね」

驚いた。生前の祖父は、いかにも好々爺《こうこうや》といった感じの人だったからだ。孫の目から見て、祖父の恋愛など、想像も付かない世界だった。

「……それで、その人は、どうしたの？」

「その人は……もう、とっくの昔に亡くなったよ」

祖母はそれだけ伝えると、難しい顔をして部屋を出ていってしまった。

沙由美さんは、訊いてはいけないことを訊いてしまったと後悔し、それ以降はその話題に触れないようにしていた。

そんな祖母が亡くなったのは、祖父の葬儀から数週間ほど経った頃だ。

亡くなる数日前から、祖母はおかしなことを言うようになっていた。

赤ん坊を抱いた女が家の中を彷徨《さまよ》っている、と日がな一日呟いている。

両親は祖父が亡くなったショックで、認知症が出始めたと話していたが、沙由美さんは違うと確信していた。

赤ん坊を抱いた女なら、あの女しかいない。あの女がお祖母ちゃんを苦しめているんだ。

お祖母ちゃん子であった彼女は、どうにかして助けたいと思っていたが、手立ては全く思い浮かばなかった。

ある日の夕食後、家族全員が居間で団欒《だんらん》をしていると、祖母がすっと立った。

「あれが呼んでる……」

そう小さい声で囁くと、居間を出ていってしまった。

〈あれ〉とは一体何なのか——暫く皆、呆気に取られて動けなくなっていたが、祖母の悲鳴が聞こえ、驚き急いで廊下に出た。

廊下ではお腹を抱えた祖母が、苦悶《くもん》の表情を浮かべ、唸りながら床を転がり回っている。

あのときの沙由美さんと、様子が一緒であった。

祖母は呻き声を上げながら、

「産めない、産めないよう！」と、絶叫している。

父親が駆け寄り助けようとした途端、祖母はぱたりと動かなくなった。

父が祖母の身体を支え、口元に顔を近づけた。呼吸は止まっていたそうだ。

祖母の死因は、急性心臓死と診断されたが、一つだけ医者も分からない点があった。

ぷよぷよとした白い塊が、下着の中から見つかったのだ。

手のひら大の塊はおりものにしては量が多く、医者は直接の死因ではないとしたものの、首を捻っていた。

ぷよぷよとした白い塊――。

それを訊いたときから、沙由美さんの家族は皆一様に口を閉ざした。

葬儀の日に起きた沙由美さんの話と、一致していたからだろう。

もうこのまま、沙由美さんの身に起きたことも、祖母の死についても、家族間では話題に出ないだろうと彼女は思っていた。

だが、違った。

それは祖母が荼毘に付された後、母と姉と三人で遺品整理をしていたときの話だ。

祖母の着物を出すために桐箪笥《きりだんす》の上から二番目の棚を開けると、失くしたと思っていた祖母の数珠が出てきたのだ。

何故、箪笥から出てきたのかは分からない。

薄紫色だった数珠の玉は黒く濁り、ひびが入っていた。

数珠を取り出した母はぽつりと、「お祖母ちゃんは、沙由美の身代わりになってくれたのかもしれないね」と、口を開いた。

「ねえ、どうして、あのお寺でお祖父ちゃんのお葬式をしたの？」

沙由美さんはいい機会だからと、ずっと気になっていたことを迷わず切り出してみた。

あの日、数珠を祖母から貸してもらったとき、祖母は母に、「このお寺だから……」と囁いた。

その囁きを聞き、母は納得していたのだ。と、いうことは母も何か知っているに違いなかった。

「別に……檀家《だんか》だし、お祖父ちゃんの遺言でもあったからよ」

返事を聞いた彼女は、内緒にするつもりだとがっかりしたが、母が「でも、あのお寺にして、良かったと思ってるわ」と、ニヤリと笑いながら、小さい声で呟いたのを聞き逃さなかった。

母親は祖母のことを実は疎ましく思っていたのだと、沙由美さんはそのとき気が付いたという。

「大人になってから気付いたんです。あの女の人は祖父の愛人で、死因は分かりませんけど、妊娠した後に亡くなったんじゃないかって。で、もしかすると、あのお寺で弔われたのかもしれないなって。私に子供を産ませようとしたのは、自分が産めなかったから。祖母が狙われたのは、愛人だったあの人に嫌がらせでもしてたんじゃないでしょうか」

当時、見つかった祖母の数珠は、寺で懇《ねんご》ろに弔ってもらった。

「これで、もう怖いことは起きないから」と、母は沙由美さんに伝えたが、現実はそう甘くはないと、彼女は思っている。

祖父母が亡くなり十数年後に婿を取った姉は、子を宿す前に自殺した。

それから二年が経ち、今度は沙由美さんが婿を迎え入れたが、授かった子は流れてしまった。

以来、彼女は一度も妊娠することなく今に至っている。

# 本当のことは分からない

橘百花

もうすぐ七十歳になる多佳子さんが、幼い頃の話だ。

彼女が母親の隣に布団を並べて寝ていたときに起きた。

「本当に時々。年に数回くらいだったと思います」

夜中に目が覚めると、身体が動かないことがあった。

「たかが金縛りって思われそうですが、なってみると無茶苦茶怖いですよ」

母親は気持ちよさそうに寝ている。助けを求めようにも声も出ない。そのまま眠ってしまうか、身体が動くようになるかを待つ。この時間が長かった。

殆どの場合は、気が付くと眠ってしまっていて朝。このパターンだ。

朝起きて必死に母に金縛りにあったことを説明するが、適当に頷かれて終わった。

多佳子さんが金縛りにあった中で、妙なことがあった。

誰かが畳の上を歩く音がする。人の姿はない。裸足なのか、ペタペタと足裏が畳に吸い付くような音がする。

そういう日に限って、母親の寝息はやけに静かだった。

朝になり夜に起こったことを説明する。

「そんなことある訳ないでしょ」

母は否定していたが、本当は起きていた。

「母が父に文句を言っていました」

──あなたの……が、何でこっちに出るのよ

母は父の兄弟の誰かが来たと言っているように聞こえた。それを聞いて母もあのとき起きており、気付いていたが彼女に嘘を吐いた。きっと母も怖かったのだと思った。

父は困った様子で話を聞くだけだ。

多佳子さんが母親と別の部屋で寝るようになると、金縛りには遭わなくなった。

ただ、母の寝ている和室から、ペタペタと裸足で歩く音が聞こえてくることはあった。

その後は決まって、父と母が「誰かが来た」と揉めていた。

来るのは父方の人間で、困るのは母。

父も何か知っているのか、母に何を言われても言い返すようなことはしなかった。

# 一カ月

橘 百花

会社員の泉美さんには忘れられない思い出がある。

彼女が小学生のとき、父親の海外出張が決まった。期間は約一カ月。その間、母と妹と三人で暮らすことになった。

父親は休日になると、必ずといっていいほど子供達を遊びに連れていった。家事と子育てに追われて忙しい母にとって、息抜きになっていたのだと思う。父がいない不安もあったのか、出張に出てすぐに、徐々に母の様子が変わり始めた。

物静かで優しい人だったが、いつも苛ついている。些細なことで声を荒らげて怒鳴られるようになった。

泉美さんは学校から帰ると、二階にある部屋の自分の机の前で過ごすようになった。

夜になると、母と妹も一緒にこの部屋で寝る。それ以外の時間は、泉美さん一人で使えた。

宿題をしたり、絵を描いたりして過ごす。母には寝るとき以外は入るなと言っていたが、彼女が学校へ行っている間は掃除をするために入る。それさえ嫌だった。

「私のいないときに、部屋には絶対に入るなっていったじゃない」

「寝るときはみんなこの部屋に入るんだから、同じことでしょ」

母は馬鹿にするような口調で言った。

三人で寝ていると、母だけ他の部屋で寝ればいいのにと思うようになった。

深夜に尿意で目が覚める。

静かに一階にあるトイレに行った。用を済ませてトイレから出たとき、真っ暗な洗面所に目の前に母が立っていた。明かりはトイレしか点けていなかった。

驚いて声も出ない。

すぐに二階に戻る。母は部屋で静かに寝ていた。


泉美さんが一人で部屋に籠もっていると、部屋の引き戸が少し開けられることがあった。

鍵は付いていない。

扉は開けるとき、大きな音がする。だから気のせいではない。

「覗くなって言ったでしょ」

扉の向こうには、一階への階段がある。下を覗き込むようにしてみたが、誰もいない。階段を下りる足音はしなかった。

(おかしい……)

そんなことが頻繁に起きるようになった。

妹の机は、夜間に父が一人で寝るために使う和室にあった。この和室は彼女達が寝ている部屋の隣にある。

元々は泉美さんの隣に並べていたが、妹が勝手に文房具を持ち出すようになった。そこで両親に頼み、妹の机だけ移動させた。

妹は自分の机は使わず、一階にある居間で過ごすことが多かった。

隣の和室には大きな箪笥がある。その上にガラスに入った複数の人形が置いてあった。妹はその人形が怖いと言って、一人で過ごすことを嫌がった。

泉美さんも父が出張で家を空けてから、ガラスと人形が揺れる音を聞いている。妹と二人で、畳の上で勢いよくジャンプすると、箪笥が揺れる。そのときと同じ音だ。

父が不在の時期に、部屋で飛び跳ねたりはしていない。母が怒るからだ。

妹は「家が怒っている」と言った。

母の様子は相変わらずで、家の中は張りつめていた。

そのうち妹が妙なことを言い出した。

「家の中にお母さんが二人いる気がする」

そういえば家の中で母を見かける回数が多い。

トイレの件もそうだ。一階にいたと思えば、二階にいる。出かけたと思えば、庭にいる。

家の中も母も、怖くて仕方なかった。

一カ月後。父が予定通りに家に戻ってくると、母は以前の穏やかさを取り戻した。

# 四葉のクローバー

橘 百花

小泉さんは結婚を前提にお付き合いしていた男性と、一緒に暮らすことになった。

田舎で暮らす父には、引っ越しが済んだら二人で会いに行くと伝えた。娘として報告の電話に、今までにない緊張感があった。

「店はこっちで予約しておく。駅に着く時間が決まったら連絡しなさい。迎えにいくから」

父は元々無口な人で、電話での報告にも淡々と受け答えしていた。母が生きていたら、もっと違った反応もあったかもしれないと感じた。

小泉さんは十年、同じ部屋で一人暮らしをしていた。そのため色々と荷物も多い。段ボールに入れても問題なさそうなものから片付ける。最初に本棚を片付け始めた。

「あれ……？」

小泉さんは美容系の雑誌が好きで、毎月買っていた。そこに違う雑誌が一冊挟まっている。

園芸の本だ。

彼女は花に興味がない。その本を買った記憶はないが、見覚えがあった。

亡くなった母は、花を育てることが趣味で、庭を花で一杯にする人だった。

その本は月刊誌で、母が欠かさず買っていた。実家の本棚には、今もそのまま残されている。

「間違って持ってきた覚えはないけど」

これまでの生活の中で何度か引っ越しも経験したが、そのときにこの本はなかった。


母が生きていた頃。

実家の近くにある道の駅に一緒に買い物へ行った。そこで母が薔薇《ばら》の苗木を見て買おうか迷った。生活には余裕があり、苗木くらい家のお金で買える。母は自分のためにお金を使わない人だった。

「買ってあげようか？」

小泉さんがこう言うと、「家に置くところがもうないから要らない」と笑顔で断られた。

母はここへ買い物に来ると、必ず「ねぇ、アイス食べない？」と言う。その道の駅では地元の素材を使ったアイスが売られている。小泉さんの大好物だ。母はそのアイスを彼女と一緒に食べることを楽しみにしていた。

懐かしい思い出が蘇る。

たかが雑誌一冊。それでも母が大切にしていたものを処分する気にはなれず、園芸の本は新居に持っていくことにした。

新しく暮らす場所は、彼氏の生まれ育った街だ。

小泉さんは正直、あまり気が進まなかった。

「いいところだから大丈夫だよ」

彼氏はこういうが、初めて案内されたときも、部屋探しで出向いたときも「早く帰りたい」と思った。

「ここじゃないとだめ？」

彼女が他の街も探してみないかと提案すると、彼氏が急に怒鳴った。

「誰が家賃を払うと思ってるんだよ」

二人で暮らす部屋の家賃は、彼氏が全額払うと言っていた。勿論押し付けた訳ではない。自分が居候のような気持ちになり、何も言い返せなくなった。そして部屋は彼氏が一人で決めた。

引っ越しが済み、いよいよ父に会いに行く日が決まった。

結婚式は挙げず、入籍だけで済ませる予定だ。

日程に余裕はあるが、父に彼氏を紹介するのは緊張する。そのせいで眠れない日が続いていた。

夜間、一人になった部屋でふと、以前購入しようか迷っていた化粧品のことを思い出した。

小泉さんは内容量と値段をしっかり確認してから買いたい性格だ。以前読んだ雑誌にその商品が載っていたこと思い出した。

「あれは捨てなかったはずだ」

本棚に並べてある雑誌を確認した。その間に挟むように母の園芸雑誌がある。

その隣に、文庫本が一冊挟まっていた。買った覚えのない小説だ。

彼女は本棚の各段には、同じくらいの高さの本を並べることにしている。雑誌は下段。背の低い文庫本は、本棚の上のほうに収納している。

「彼がここに自分の本を入れたのかな」

彼氏は本を読まない人で、自分の本棚を持たない。それでも一冊くらい持っていたのかもしれない。それをここに入れたと思った。

気になってその小説のページをパラパラと捲り、少し読んでみた。

結婚相手からの暴力の末に、女性が殺される。推理小説のようだ。女性が殺されるページに、何か挟んである。

カラカラに乾き、黒っぽく変色した草。四葉のクローバーのようだ。

――やめておきなさい。

静かな室内で、懐かしい小さな声を聞いた。

母の声だった。

小泉さんが小学生のとき、犬を一匹飼っていた。

夕方の散歩は彼女の担当で、よく行く散歩コースの途中に四葉のクローバーが群生しているポイントがあった。

彼女はそこでたくさんの四葉のクローバーを摘んで帰る。家に着くと、摘んできた半分を、水を入れたバケツに活けた。残りは本に挟んだ。

その様子を母が見ていた。

「植物とか花とかそういうのに興味がないと思ってたけど、そういうのは好きなのねぇ」

母は娘が植物の素晴らしさに気付いてくれたのかと、嬉しそうにしていた。

「お母さんにも少しちょうだい」

母は四葉のクローバーを、園芸雑誌に挟んでいた。その後、四葉のクローバーを、どうしたかまでは覚えていない。捨てたと思っていた。

「まさかね……」

当時挟んでいたものが、関係ない小説に挟まっている訳がない。こんな偶然があるのかと驚いた。

母が、彼との結婚を反対しているような気がする。

彼とのこれからの生活を迷った。

それから間もなく彼氏が、痔瘻《じろう》の手術で一週間ほど入院することになった。手術後の傷はかなり痛むらしく、父に挨拶に行く日が延期になった。

彼にトイレのウォシュレットの調子が悪いと怒鳴られた。仕事は真面目だが、短気なところがある。尻の調子の悪さに振り回された。

（……やっぱり結婚はやめようかな）

一度延期にしないかと提案したが、「同棲はただの金の無駄だ」と怒鳴られた。彼の言っていることがよく理解できなかった。

引き返すなら、今のほうがいいと思った。

「やっぱり結婚はできません」

こう告げると彼氏は「分かった」と静かに返事をした。これから先、彼女が何処に引っ越しても住所は教えろという。

「――きちんと最後まで慰謝料を払ってもらわないといけないからな」

彼氏は小泉さんに定期的に会いに行くと告げた。

慰謝料は仕方ないと思う。ただその言い方が恐ろしかった。

今から考えると、最初からストーカー気質なところはあったと思う。薄々気付いてはいたが、都合の悪いことは後回しにしていた。

（彼から逃げられないかもしれない）

お金で済むならと、覚悟を決めたとき。彼氏のほうがすんなりと引き下がった。考えを変えた理由の説明はなかった。

その後の小泉さんの部屋探しも、希望の物件がすぐに見つかった。以前、一人暮らしをしていたときより、条件のいい部屋だ。

母の園芸雑誌は今も本棚にしまってある。あの文庫本は行方不明だ。

# 育ての母

つくね乱蔵

香美さんの鞄には、常に入っている物がある。

哺乳瓶、粉ミルク、紙オムツの三つだ。

ちなみに香美さんは独身で子供もいない。本来なら無用の物だ。

その三つを持ち歩くのには、少々混み入った理由がある。

そもそもの切っ掛けは今から十年前、香美さんが高校生になって三日目のことだ。

その朝、大好きだった母親が急死した。


半年も経たないうちに、新しい母親が現れた。

以前、父親と同じ部署に勤めていたらしい。まだ二十代後半、春子という名前に似つかわしくない冷えた微笑みを浮かべる女性であった。

それから間もなくして、春子は男児を出産した。

ということは、母が亡くなる以前から肉体関係があった訳だ。

産まれてきた赤ん坊に罪はないのだが、どうしても嫌悪感が付き纏う。

嬉しそうに頬を緩める父親が獣のように見える。

何なんだ、この男は。そんな愛情に満ちた顔、お母さんにも私にも見せたことないよね。

やり場のない怒りが溜まっていく。一触即発の香美さんに、更なる試練が与えられた。

春子は家事を拒否した。炊事、掃除、洗濯など一切やらない。父親も荒れていく家を見ているはずなのに、何も言おうとしない。

それどころか、香美さんの目の前で抱き合ってキスしたりする。

当然、春子は育児も放棄した。泣いているのに何もしない。近づくどころか、声すら掛けようとしない。

温度も濃度も適当なミルクを与える以外は、テレビを見て笑っているか、ふらふらと出かけていくかのいずれかだ。

思うに、結婚の決め手として妊娠という武器を選んだのだろう。母性の欠片もないのは当然だ。

父親が休みの日は、決まって二人きりで遊びに行き、戻るのは深夜を過ぎる。帰ってこないときもある。

春子は、母親とは思えない派手な化粧と露出度の高い服だ。何をやっているか容易に想像できる。その間、赤ん坊が放置されるのは言わずもがなだ。

産まれたときはあれほど喜んでいた父親も、夜泣きするようになってからは、露骨に嫌な顔をするようになった。あまりにも泣き止まないときは、怒鳴りつけたりもする。それでも春子は、我が子を庇おうとしない。

香美さんにとってその赤ん坊は、嫌悪感の結晶とでもいうべき存在だが、さすがに哀れに思えてきた。

仕方なく慣れない手つきでオムツを替え、ミルクを飲ませ、寝かせつける。

そうこうしているうち、いつの間にか育児は香美さんの役目となった。

父親に現状を訴えてみたが、いつかはお前も母親になるんだから良い練習だと説教される始末だ。

香美さんの夢は、大学を出て小学校の教職に就くことだ。学校の成績も上位を保持し、志望校の合否判定基準もクリアしている。

よほどのことがない限り、夢はいつか叶うはずだった。

そのよほどのことが起ころうとしている。とうとう、赤ん坊は香美さんの部屋に置かれた。

眠っているときは大丈夫だが、夜泣きが始まると勉強は中止だ。

下手をすると二、三時間は立ちっ放しで赤ん坊を抱いていなければならない。

ようやく眠ったかと安堵した瞬間、自らも寝落ちしてしまう。これではいけないと眠い目を擦り、机に向かう。

暫くするとまた夜泣きが始まる。

その繰り返しだ。放課後は直ちに帰らねばならない。大抵の場合、春子は留守にしており、空腹で糞尿塗れの赤ん坊が待っているからだ。

香美さんにとって、最早家は地獄であった。


そのような状態が二カ月以上続き、香美さんはほとほと疲れてしまった。それでも放ってはおけない。無表情のまま、淡々と育児をこなしていく。

そこまでしてあげているのに、赤ん坊は泣いてばかりだ。

とことん追いつめられた香美さんは、非常手段に出た。

人として、やってはならない方法だ。少しおかしくなっていたのかもしれない。

香美さんは、泣き叫ぶ赤ん坊を部屋に残したまま家出したのである。

ありったけの現金と、僅かばかりの着替えを鞄に詰め、とりあえず東京行きのバスに乗り込んだ。

一人の知り合いもいない街に着き、ネットカフェを根城にし、香美さんは行く当てもなく彷徨った。

家には帰れない。帰りたくもない。

赤ん坊がどうなったか気になるが、今更どうしようもない。

手持ちの現金がなくなり、路上で客を探して身体を売るようになった。

その中の一人の紹介で、風俗に勤め始めてからは生活が安定し、香美さんは次第に街へ溶け込んでいった。

家を出て二年程経った頃。

春子が突然、部屋を訪ねてきた。相変わらず、派手な化粧と服だ。

身構える香美さんに笑いかけ、春子は嬉しそうに言った。

「見つけるのに、結構な金使ったわぁ、本当にもう面倒くさいったら。あら、あんた随分香ばしくなってんじゃん」

別に連れ戻す気はないと春子は再度笑い、持っていたケースを差し出した。派手な出で立ちに似合わないアルミ製のアタッシュケースだ。

「これ、お土産。じゃあね、頑張ってね、良い母親になんなさい」

無理矢理、アタッシュケースを押し付け、鼻歌を歌いながら春子は立ち去った。

お土産という割りに、随分軽い。妙な紙が貼ってある。見ると、何かの御札のようだ。

とりあえず部屋に戻り、御札を剥がしてケースを開けてみた。

小さな箱が入っている。その箱にも御札が貼ってあった。破って蓋を開ける。小さな骨がぎっしり入っていた。

何よ、これ何なのよと呟いた瞬間、箱から泣き声が漏れてきた。

聞き覚えのある泣き声だ。

それは、二年前に見捨てたはずの泣き声だった。あの後、赤ん坊がどうなったかの答えがこの箱だ。

春子がどうやったのか想像もできないが、とにかく今、赤ん坊がこの部屋にやってきた訳だ。

そのときから今に至るまで延々と、赤ん坊は泣き続けているという。

アタッシュケースと中の箱を捨てても無駄であった。

一度、隣の部屋の住人から苦情が入ったこともある。

赤ん坊の泣き声をどうにかしろと言われたのだが、知らぬ存ぜぬで通したらしい。

当然、外出先でも赤ん坊は泣く。

他人には滅多に聞こえないようだが、中には怪訝な顔で辺りを見渡す人もいる。

何より、泣き声に包まれていると自分自身がどうにかなってしまいそうだ。

そんなときはトイレに籠もり、紙オムツと哺乳瓶と粉ミルクを並べて待つ。暫くすると泣き声は止まるのだという。

根本的に解放されたくて色々と試してみたが、何ともならないらしい。

# 泣く子も黙る

つくね乱蔵

昨年末、智香子さんは夫の仕事の都合で新居に引っ越した。

かなり前に建てられたマンションで、内装や設備は一昔前の物だ。

ラウンジや集会所などの共用施設も満足できるものではない。相場より安い賃貸料だけが取り得のような物件だ。

智香子さんには、一戸建てを持つという夢がある。一人娘の愛花ちゃんが、小学生になる頃には何とかしたい。

そのためには、多少の不自由は我慢できる。

夫が頑張っている分、妻も頑張らねば。心に誓った智香子さんは、一生懸命な毎日を過ごしていた。

けれどもここで一つ、大きな壁が立ちはだかった。

初めての育児が、気付かないうちに智香子さんの心を歪ませていたのだ。

愛花ちゃんは、何かあるとすぐに泣く。

泣くというよりは絶叫だ。凄まじく大きな声、しかも甲高い。音としては、自動車の急ブレーキが最も近い。

それが延々と続く。二歳児の身体の何処にそんな体力があるのか不思議でならない。智香子さんは、ネットで育児関連のサイトを調べてみた。

自我が芽生えるにつれ、怒りや戸惑いが生じるのだが、それを上手く言葉で伝えられずに泣いてしまう。

要するに、周りや自分に対して興味と関心が高まっている証だということが分かった。無事な成長は有り難い。これは本当にそう思っている。

だが、全く苛つかないと言えば嘘になる。泣かれるたび、怒鳴りたい気持ちを黒い塊にして飲み込む。

智香子さんは、その塊が腹の底に溜まっているのを感じずにはいられなかったという。日が経つにつれ、塊はどんどん大きくなっていく。

何とか解決したくて、頻繁に育児系のメディアを検索し、自分と比較する。色々と書いてあるが、どれも綺麗事としか思えない。

思い切って母に相談したが、子供ってのはそんなもんよ、あんたもそうだったわなどと笑われただけだ。

そんなことは分かっている。自分が母親として劣っているだけだ。いや、違う、誰だって最初から理想的な母親になれる訳がない。時間を掛けて母として育っていくんだ。ああ、でもこのままだといつか暴力を振るってしまうかもしれない。やっぱり駄目な母親なんだ。

そうやって出口の見えない反省と怒りを繰り返すうち、希望と未来が欠け始めた。

頭が重く、スッキリしない。玩具でひっくり返った部屋を見ると喚きたくなる。

家事の優先順位が付けられず、何もかも中途半端のまま過ごしてしまう。母としても妻としても失格だ。

とにかく数時間、いや数分でもいい。一人きりになりたい。あの泣き声が聞こえない場所なら、何処でもいい。

既に末期的症状であり、然るべき病院か相談できる施設へ行くべきなのだが、責任感の強い智香子さんは夫にも言わずに自分だけで何とかしようと努力した。

六月半ば、その日は朝から雨だった。

洗濯物が乾かない。買って間もない食パンに黴《かび》が生えていた。夫は会社の付き合いとかで、早朝から釣りに出かけた。

選挙が近いらしく、街宣車が候補者の名前を喚いている。

何から手を付けていいか決められず、智香子さんは、ぼんやりとテレビを見ていた。

そんな中、愛花ちゃんが泣き出した。

何が気に入らないのか、身の回りの玩具を手当たり次第に投げながら泣く。

その一つが、宥《なだ》めようとして近づいた智香子さんの足にぶつかった。

一瞬で腹の底に怒気が沸いた。このままだと大声で怒鳴りつけてしまう。固く閉じた唇から、今にも罵声が溢れそうになる。

智香子さんは怒りを収めようと必死になった。

頬を膨らませ、唾を飲み、目を閉じて数を数えながら鼻で深呼吸する。

駄目だ。我慢できない。こんなに頑張っているのに、こいつは何故泣く。泣く以外できないのか。

ああ駄目だ、手が出る。殴りたくて仕方ない。殴り飛ばしたら、腹の底からスカッとするに違いない。

智香子さんは、とりあえず部屋から出た。

母親の突然の行動に驚いたのか、愛花ちゃんは更に本腰を入れて泣き出した。

智香子さんは耳を塞いで、ドアの前に座り込んだ。数分間、もしかしたら十分間以上そのままだったかもしれない。

気が付くと愛花ちゃんは泣き止んでいた。そっとドアを開け、覗き込む。愛花ちゃんは泣き疲れて、廊下で眠っている。

その姿を見た途端、激しく胸が痛んだ。自分がやったことは虐待だと感じたが、胸の片隅では泣き止んで良かったと思う気持ちがある。

次もこうしよう。これしかない。安全に泣き疲れさせるのが最良の方法だ。

結論が出た。智香子さんは、そのための準備を始めた。台所の横にある納戸が最適だ。まずは後付けの鍵を取り付けた。

怪我をしないよう、納戸の中は整理する。そして最も重要な機器、監視カメラを設置。スマートフォンに連携させれば、外出先からでも確認が可能な代物だ。

泣き出したら、ここに閉じ込めて外に出る。とにかく泣き声を聞きたくない。ゆっくり買い物してから、コーヒーでも飲みながら時間を潰せばいい。

時折、カメラを確認すれば何かあってもすぐに戻れる。

そうやって、脳内でシミュレーションしているだけで、気持ちが落ち着いた。本当に使うつもりはない。逃げ道を用意するだけだ。

けれど次の日、その言い訳はたちまち崩れた。

愛花ちゃんが泣かない日はないのだ。昼の食事が気に入らなかったのか、テーブルから払い落して泣き始めた。

智香子さんは、無言で愛花ちゃんを抱き上げ、納戸に閉じ込めた。

シミュレーション通りに、買い物袋とスマートフォンを携え、玄関に向かう。ドアを閉め、耳を澄ます。

大丈夫、泣き声は漏れてこない。その場から逃げるように立ち去り、近所のスーパーに向かった。

子供を放置してきた罪悪感は、ものの数分で消えた。解放された喜びで胸が満たされる。買い物を済ませ、近くのカフェでコーヒーとパンケーキを味わう。

そろそろ様子を見てみるかと監視カメラのアプリを立ち上げた。

納戸全体が映っている。愛花ちゃんは座り込んでいた。泣き止んでいるようだ。何だか、呆然としている。時折、後ろを振り返っている。

さてと、帰ってあげようかな。

アプリを落とそうとした瞬間、異様な物が映った。

愛花ちゃんの後頭部の辺りに、腕が浮かんでいる。

肘から先の腕だ。ほっそりしていて、色白。見た感じから察するに、女性の腕だ。

その腕は、愛花ちゃんの頭を撫でているようだ。何度見ても間違いない。愛花ちゃんは撫でられるたび、ビクッと身体を震わせて俯《うつむ》く。

智香子さんは慌てて店から飛び出し、自宅に走った。何が起こっているか分からないが、とにかく愛花ちゃんが危ないのは確かだ。

警察に通報するべきか。どう説明する。娘を閉じ込めたんですが、背後に腕が浮かんでいるんです。まともに扱ってもらえない気がする。

というか、通報したら虐待がバレてしまう。とにかく確認するのが先だ。

息を切らして到着。ドアは施錠されている。そっと開け、スマホの画面を確認しながら納戸に向かう。

腕はまだ浮かんで、愛花ちゃんの頭を撫でている。愛花ちゃんはあり得ないほど大人しい。

念のため、フライパンを構えて納戸の鍵を解いた。

画面を確認——まだいる。

思い切ってドアを開けた。愛花ちゃんは座ったまま、小刻みに震えている。それだけだ。腕は何処にもなかった。

一体あれは何だったのか。

目の錯覚や見間違いなどではない。そんな曖昧な物ではなかった。


それ以来、智香子さんは納戸を締め切っている。

夫には、愛花ちゃんが入って危ないから鍵を付けたと説明した。

愛花ちゃんは、あの日から泣かなくなった。

泣きそうになったときは、自分で自分の頭を撫で始める。

暫くすると震えながら黙り込む。

どうしたのか訊いても、無表情のままで動こうとしない。

今では泣くどころか、笑うこともなくなったらしい。

# 夫婦水入らず

つくね乱蔵

つい先日のこと。

優里恵さんは母を亡くした。まだ五十二歳という若さだった。

正直なところ、あまり良い思い出はない。と言っても、何か酷い扱いを受けたとか、愛されていなかったなどの理由ではない。

優里恵さんの家は、父による家庭内暴力が吹き荒れていた。父は、これといった特徴のない平均的な会社員だった。

暴力を振るうとは思えない優男だ。近所付き合いも程々にこなし、世間一般からは良き父、良き夫という評価を得ていた。

実際、普段はその評価通りの人間なのである。大人しく、口数も少ない。趣味は読書と盆栽だ。

ところが、一旦荒れ狂うと手が付けられなくなる。優里恵さんも何度か殴られていた。見るに見かねた近隣の住民の通報により、児童相談所の監視対象になってしまった。

それ以降、暴力の対象は専ら母だ。

口汚く罵り、物を投げつけ、腹を殴る。短くても半時間、虫の居所が悪い日は、夜通し続けるときもある。

当時、優里恵さんはまだ十五歳。どれだけ母が可哀想に思えても、暴力に立ち向かう勇気などある訳がない。

誰かに相談しても、父が改心するとは思えなかった。むしろ、相談したことで自分に矛先が向かうほうが怖い。

平穏な日々を過ごすためには、無関心を貫き通すのが一番だ。

父の暴力が始まりそうなとき、優里恵さんは部屋に引きこもるようになった。

ドアを閉めていても、母の悲鳴と父の罵声、殴打する音、物が壊れる音などが聞こえてくる。ヘッドホンを着け、勉強に集中するしかない。皮肉なもので、そのせいか学校の成績は上位を保持している。

このまま頑張れば、難関大学合格も夢ではない。一刻も早くこの家から独立することが、優里恵さんの夢であった。


ある日のこと。

例によって、父の暴力が始まろうとしていた。

優里恵さんは例によって自室に引きこもり、父の怒りが収まるのを待った。一時間程経過し、ようやく静かになった。

暴力の切っ掛けは、味噌汁の具が気に入らないとか、新聞の端が濡れていたなど些細なことだ。

これに、会社でのストレスが加算される。その日は、この加算部分が大きかったらしい。

「あの糞課長、若僧のくせして偉そうに」などと怒鳴っていた。

ようやく静まり返った居間を恐る恐る覗くと、母がのそのそと床を掃除しているところだった。

今回の父は、執拗《しつよう》に母を殴り続けたようだ。四つん這いになって掃除する母の顔がパンパンに腫れ、口と鼻から血が垂れている。

立ち竦《すく》む優里恵さんに母は、もごもごと言った。

「ガラスが散らばってるから入っちゃだめよ」

逃げ出した自分を何一つ責めようとしない母の姿を見て、優里恵さんは激しく後悔したという。

その日を境に、母は裏庭の物置に籠もるようになった。そこを自分の居場所と決め、今まで過ごしていた夫婦の寝室には立ち入らない。

父も何一つ文句を言わない。幸いというか、近所から見えない場所にあるため、世間体を気にしなくて済むからだろう。

母は、そこで三十年以上もの年月を過ごした。その間ずっと、父の暴力は続いていた。

優里恵さんは大学卒業後、母を呼び寄せて一緒に暮らそうと誘ったこともある。だが、何故か母は頑《かたく》なに断った。

何とかしなければと思う気持ちも色褪せてきた頃、母が死んだ。

十何年ぶりかに見た母は痩せて小さくなり、棺がやたらと大きく見えた。

火葬後、親戚との会食に向かう父と別れ、優里恵さんは一足先に家に戻った。

ふと思い立ち、母が暮らしていた物置に入ってみた。

ブルーシートと段ボールを敷き詰めた上に薄い布団が畳んで置いてある。屋外コンセントから引っ張ってきた延長コードに、裸電球と小さな電気ストーブが繋がっている。安っぽいカラーボックスと衣装ケースが一つ。それだけの部屋だ。

枕元にノートがあった。広げると、写真が貼ってあった。小学校の入学式で撮影したものだ。元気一杯に気を付けした優里恵さんの隣に、優しく微笑む母がいた。

写真はその一枚だけであった。ページを捲ると、小さな文字で優里恵さんに纏わる思い出が綴《つづ》られていた。


風邪を引いたときは、擂《す》ったリンゴを欲しがった。

誕生日のケーキに歓声を上げて喜んだ。

ランドセルを背負ったまま公園に行くとわがままを言った。

母の日に折り紙のカーネーションをくれた。

写真の代わりに言葉で思い出を貼り付けたのだろう。

母は、この狭い牢獄のような場所で、思い出を繰って生き延びていた。

何ということだ。救おうと思えば何とかできたのに。

優里恵さんは声を上げて泣いたという。

ノートの後半には、かつて受けた暴力の内容が淡々と記されていた。

読むだけで胸が締め付けられる。

最後のページには、こんなことが書いてあった。

いずれ私は死ぬだろうが、このままでは優里恵が被害に遭うかもしれない。私がここに留まって防波堤にならなければ。

最後の最後には、夫を連れていこう。その日が来るのが楽しみだ。思い切り笑って連れていってやろう。

父はまだ会席から戻ってこない。どうせ、あることないことを得意げに話しているのだろう。

優里恵さんは、ノートを抱きしめて家を出た。

もう二度と戻らないつもりだった。

三日後、父から電話が掛かってきた。

何やら酷く焦っているようだ。

頼むから帰ってきてくれ、側にいてほしい、あいつが来るんだよと泣き声で言っている。

その声の背後から、笑い声が聞こえてきた。

懐かしい声だ。

ああ、お母さん頑張ってる。久しぶりに笑ってるのを聞いた。

夫婦水入らずって言うし、邪魔しちゃ悪いよね。

「お父さん、お母さんによろしく言っといて」

そう言って、優里恵さんは電話を切った。

二週間ぐらい掛かるかな。できるだけ苦しんで死ぬと良いな。

優里恵さんはその日が来るのを首を長くして待っている。

# 許していない

内藤 駆

都内郊外にある特別養護老人ホームに勤める美紀さんから聞いた話。

彼女が担当するフロアの入居者に、深谷さんという八十歳くらいの男性がいた。

「俺は若い頃、女手一つで育ててくれた母親を捨てたんだ。そして訃報を聞いたときも、故郷に帰らず、線香の一本も上げていない。きっと母親は俺を恨んでいるだろう」

深谷さんは美紀さんが彼の部屋に入って身の回りの世話をしていると、必ず自分が親不孝だった過去の話をして嘆いていた。

「母親が必死で貯めた僅かな金を盗んで、俺は東京にやってきた。最初こそ商売は上手くいったが、その後仲間に裏切られて無一文。それからはずっと自堕落な人生だった。きっと母親は天国でこんな息子を生んだことを後悔しているだろうよ」

そして美紀さんは、幼い子供のように泣きじゃくる深谷さんを宥める。

それがいつものパターンだった。

しかし、その日は深谷さんの感情失禁はかなり激しかった。

「ほら、この写真を持って見てください。お母様はきっと怒ってなんていませんよ」

美紀さんは、深谷さんとその母親が並んで写っている唯一の白黒写真が入った写真立てを彼に持たせた。

「写真のお母様、良い顔をしているじゃないですか。絶対に深谷さんのことを許してくれていますよ」

美紀さんはそう言って深谷さんに微笑みかけた。

「本当にそうだろうか……」

そのとき、美紀さんは写真立てを持つ深谷さんの両手を見て青ざめた。

嘆く老人の両手は血だらけになっていた。

美紀さんが急いで深谷さんの両掌をチェックすると、まるで何枚もの剥き出しの剃刀を握りしめたようにズタズタに切り裂かれていた。

「……お母様、許してないのかな」

美紀さんは血で濡れた親子の写真を見ながら、急いで看護師に電話を掛けた。

# 蚊柱

内藤 駆

今から五十年くらい前の話。

当時七、八歳だった和義さんは、交通事故で母親を亡くした。

猛スピードで走る信号無視の貨物トラックに轢かれた母親の遺体は、幼かった和義さんに見せられることなく、荼毘に付された。

突然母親を失ったという現実に付いていけないまま、和義さんの日常は続いた。

和義さんの父親は当時、自宅で零細自動車整備会社の社長をしており、朝から晩まで忙しく僅かな人数の社員達と一緒に働いていた。

だから父親は和義さんに、殆ど構ってやることができなかった。

両親の祖父母達は全員亡くなっており、近くに面倒を見てくれる親戚もいない。

更にかなり内向的な性格だった和義さんは、学校でも友達がいなかった。

だから放課後はいつも、整備会社の裏に広がる森で、一人寂しく遊んでいた。

母親が亡くなってから、一カ月ほど経った。

和義さんはいつものように、薄暗い森を一人でうろついていた。

森の中にはそこを横断するように、幅の狭いドブ川が流れていたという。

和義さんは長めの枯れ枝を持って、ドブ川を流れるゴミ等を突いて遊んでいた。

ついこの前までは、夕方近くなると必ず心配した母親が森の中まで迎えに来てくれた。

しかし、それはもう二度とないことなのだ。

そう思うと改めて悲しくなった和義さんは、しゃがんで枝を持ったまま泣いた。

ふと、ドブ川の近くを見上げると、そこには大きな蚊柱ができあがっていた。

子孫を残すため、空中に群れた大量のユスリカ達。

袖で涙を拭いた和義さんは、立ち上がると枝で蚊柱を追い払おうとした。

しかし、蚊柱のすぐ向こうには信じられないものが立っていた。

それは白い浴衣のような物を着た自分の母親だった。

「母ちゃん!!」

和義さんは思わず叫び母親に駆け寄ろうとしたが、すぐに思いとどまった。

母親は虚ろな目で、和義さんではなく蚊柱をぼうっと見つめていた。

また母親の口には、何か文字の書かれた細長い紙片が貼られている。

当時の和義さんには分からなかったが、母親の口を塞ぐように貼られていたその細長い紙片は、後になって思い返してみると〈お札〉だということに気が付いたという。

奇妙な風貌の母親は突然、蚊柱に向かって頭突きをするような動作を始めた。

大量のユスリカの集団に対して、何度も頭を突っ込んでは引っ込めるという、意味の分からない動きをひたすら続けているのだ。

和義さんは無言で、母親の奇行を眺めるしかなかった。

「母ちゃんは僕が分からないのかな？」

大分長い時間、和義さんはお札で口を塞がれた母親が、蚊柱に対して頭を突っ込む様子を見つめていたという。

「和義、もうすぐ御飯よ」

不意に自宅兼会社のほうから、聞きなれた母親の声が自分を呼ぶのが聞こえた。

「うん、今帰る」

和義さんは大声で答えると森の出口へと走って、すぐに足を止めた。

「じゃあ、こっちのお母さんは？」

和義さんがドブ川のほうへと振り向くと、口を塞がれた母親は相変わらず、蚊柱に頭を突っ込むのという動作をずっと続けていた。

和義さんが家に帰ったが、勿論母親はいなかった。

和義さんはもう一度、家で泣いたという
それ以来、和義さんの前に母親が姿を現すことは二度となかった。

もうすぐ還暦を迎える現在、和義さんは「あくまでも想像だけど」と言葉を紡ぐ。

「あのとき現れた母は、蚊柱を——ユスリカ達を食べようとしていたのではないか？　しかしお札で口を塞がれているから、それが叶わない。もっともユスリカを食べる母の姿なんて見たくなかったけどね」

そして母親の口を塞いでいたお札については一切、心当たりがないらしい。

「少なくとも俺の家はごく普通の貧乏一家で、霊だのオカルトだのとは無縁だったよ。何で母が死んだ後もあんな仕打ちを受けているのか、全く見当が付かない」

和義さんは悔しそうに顔を顰め、最後にそう言った。

# 帰り道

内藤 駆

これは佐々岡君が高校一年生のときに始まり、現在進行中の話だ。

高校時代、帰宅部だった佐々岡君は週に一、二回ほど学校から一緒に帰る同級生の女の子がいたという。

女の子の名前はイツミさんで、佐々岡君と同じく帰宅部だった。

元々、佐々岡君とイツミさんはお互いの家が近くにあり、幼稚園から小学校まではずっと同じクラスだった。

二人は特別中が良い訳ではなかったが、以前は他の子供達と一緒にお互いの家に遊びに行ったりすることもあったそうだ。

その後、イツミさんはお受験で偏差値の高い中高一貫の私立中学校へ、佐々岡君はそのまま公立の中学校へと進んだ。

通常ならイツミさんは、そのまま私立の附属高校へと進んでいただろう。

しかし、佐々岡君は地元の平凡な偏差値の公立高校でイツミさんと再会した。

私立高校へと進学しなかった本当の理由は不明だが、中学校在学中にイツミさんのお母さんが亡くなったことが関係していると、近所では噂されていた。

小学生までは明るく活発な少女だったイツミさんだったが、高校生になってからはとても物静かでクラスでも目立たない存在だった。

ある日の放課後、たまたま一人寂しそうに家へと向かうイツミさんを見かけ、佐々岡君のほうから話しかけたそうだ。

「帰り道、ほぼ一緒だよね。良かったら一緒に帰っていいかな？　前みたいに」

佐々岡君に、突然話しかけられたイツミさんはやや驚いた表情を見せたもののすぐに、ニッコリと笑って彼に頷いた。

それは以前、明るかった頃に見せていたイツミさんの笑顔だった。

（お母さんが亡くなったのだから、辛いだろうな……俺だって同じ境遇なら、今の彼女みたいになっているはずだ）

佐々岡君はイツミさんの顔を見て、改めて彼女に同情した。

それから二人は、タイミングが合えば一緒に下校する仲になった。

二人は帰る途中、他愛のない会話をする。話題のニュースやネット動画、読んでいる漫画、観ているドラマやアニメ、学校内の噂など若者同士のありふれた会話内容だった。

ただ佐々岡君が特に気を付けたのは、イツミさんの家庭事情——特に、亡くなった母親についてだ。これについては極力触れないようにしなければならなかった。

「じゃあ、またね」

二人の楽しい時間は、いつも帰り道の後半にあるT字路で終わる。

右に行くとイツミさんの家、左に行くと佐々岡君の家があるのだ。

そして何度も一緒に下校している間に、佐々岡君のイツミさんへの思いは同情から淡い恋心に変化していった。思春期の少年なら必然だろう。

二人が一緒に下校を始めて十数回目を超えたとき、いつものT字路で佐々岡君は言った。

「もう少し、一緒に歩いていいかな？　いや、君の家にまで行きたい訳じゃないよ、ただもう少しだけ話をしながら歩きたいだけなんだ」

佐々岡君は緊張し、心臓をバクバクさせながらイツミさんの反応を窺《うかが》った。

「うん、いいよ」

イツミさんは屈託のない笑顔で、また頷いてくれた。

それを聞いて、別にまだ正式に交際をＯＫしてもらった訳でもないのに、佐々岡君は嬉しくて自分の頭も心も高揚していくのが分かった。

「こ、こっちの道を歩くのは何年ぶりだろう。す、すぐ近くなのに……」

佐々岡君はイツミさんと一緒に、彼女の家のほうへと向かいながら、ぎこちなく話す。

「本当、小学生のときは皆でよく集まって楽しく遊んだのを思い出すね」

イツミさんがそう言った瞬間、佐々岡君は自分の後ろに何かが現れた気配を感じた。

同時にズンッ、と佐々岡君の首と肩全体に強い力が伸しかかってきた。

それでも佐々岡君は、イツミさんとゆっくり歩き続けた。

(誰かいる……僕の真後ろにいる。そしてぴったりと付いてくる。一体なんだ?)

佐々岡君は後ろを振り向きたかったが、恐ろしくてできない。

更に彼はそれをしてしまうと、今すぐにイツミさんとの関係も終わってしまうような、謎の強迫観念に襲われた。

「私のお母さん、死んだのは知っているよね……自殺したの」

「え!?」

唐突にイツミさんが母親について話し始めた。

彼女は下を向き、沈んだ表情で佐々岡君とは目を合わさずに話を続ける。

「元々、極端に気分の浮き沈みが激しい性格だったのよ。若い頃からずっとお薬を飲んで、何とかそれをコントロールしていたみたい」

「そ、そうなんだ」

イツミさんの突然のカミングアウトに、佐々岡君は大いに動揺した。

しかし、ここは落ち着いてイツミさんの話をきちんと聞かなければ、と佐々岡君は己の心に気合いを入れる。

(イツミさんのお母さん、自殺したのか。幼稚園や小学生時代に何度も会ったけど、普通に優しい感じのお母さんに見えたけどなぁ。長年、薬を飲んでいたなんて……)

更にそんな佐々岡君に追い打ちを掛けるように、何かに後ろから首筋を撫でられる。

佐々岡君は声を上げそうになったのを必死で堪《こら》える。彼は、ここで逃げたり弱気を見せたらイツミさんに嫌われてしまう——と、これまた勝手に思い込んでしまう。

「私はそのとき、中学校に行っていたから直接は見ていないの。その日お母さんは、やたらと大きな甲高い笑い声をあげたかと思うと、次は自分の部屋に閉じこもって、お父さんが駆け付けたときにはもう、首を吊っていたらしいの……」

イツミさんが喋り続ける間にも、背後から佐々岡君は背中を突かれたり、耳たぶを軽く引っ張られたり、肘の辺りを掴まれる等やりたい放題され続けていた。

色々後ろからやられている間、佐々岡君は後ろの〈何か〉の性別が何となく女のような気がしてきた。

根拠に乏しいが、彼にちょっかいを出してくる力が弱いと感じたからだ。

それでも恐ろしい出来事には変わりがなかったが。

T字路からイツミさんの家までは、確か二百メートル程だった。

しかし、佐々岡君にとっては人生で一番長い二百メートルに感じたそうだ。

佐々岡君がイツミさんへの返答を考えながら歩いていると、彼女の家の前に着いた。

「ごめんね、突然嫌な話をしてしまって……また今度も一緒に帰ってくれる？」

「勿論だよ！」

イツミさんには若干の後ろめたさがあるのだろう。佐々岡君はスマホを握りしめて彼女に答えた。

二人は、家の前でメッセージアプリのフレンド登録をした。

そのとき、佐々岡君は後ろから頭を強めに叩かれたが、彼は屁とも感じなかった。

そして、その攻撃を最後にずっと後ろに付いていた〈何か〉の気配が急に消えた。

佐々岡君はイツミさんに別れを告げ、意気揚々と自分の家へと向かう。

途中、佐々岡君が振り返ってイツミさんの家を見る。

家の前には、イツミさんがまだ立っていて、にこやかに手を振っていた。

そしてイツミさんの隣には、後ろ姿を見せて立つ大人の女性がいた。

女性の顔は背中の辺りにあって、佐々岡君と目が合った。

佐々岡君は後ろ姿の女性に軽く会釈した。

どうして背を向けた人間と目が合ったのか？

「首を吊っていたの……」

佐々岡君はイツミさんの台詞を思い出す。

あれが彼女のお母さんなのだろう。

首が凄く伸びて、頭が背中まで垂れていたのだ。

佐々岡君はそれについて深く考えないことにした。

込み上げてくる恐怖を、これからはイツミさんにスマホでいつでも連絡が取れるという喜びで無理やり押さえつけた。


その後、佐々岡君とイツミさんは、高校時代の間は突かず離れずの関係が続いたが、学校を卒業すると同時に正式に付き合うようになった。

二人はそれぞれ違う大学に進んだが、現在も交際は順調に続いているという。

あの日以来、佐々岡君の目の前にイツミさんの母親が現れることはなかった。

そして佐々岡君は、イツミさんには自分の前に現れた母親の話はしていないという。

しかし最近、夜中に佐々岡君のスマホに電話が掛かってくるらしい。

スマホの画面に表示される名前はイツミさんだ。

電話に出てみると、やたらと大きな甲高い笑い声が、延々と響いてくる。

それは紛れもなく、イツミさんの声だという。

だが、イツミさん自身はその電話について、まるで他人事のように何も言ってこない。

通話履歴も、きちんと残っているというのに。

また佐々岡君も、その電話についてイツミさんを特に追及しようとはせず、今後も別れるつもりは一切ないという。

# ごめん、ママ!!

内藤駆

江本さんが数年前、初めてビルの夜間警備のバイトにいったときに体験した出来事。

バイト先のビルは、千葉県のとある繁華街から少し離れた所にあったという。

「最初の何日かは、俺が一緒に付いていて色々教えるから。と言っても大して難しいことはないよ、肩の力を抜いてくれ」

そのビルの管理課長と名乗る初老の男性が、江本さんにビル内を案内しながら気さくに話しかけてくる。

「優しそうな人で良かった」

前の職場を辞めたばかりの江本さんは、管理課長の人柄を見て少し安心したという。

「そうか、奥さんのお腹には赤ん坊がいるのか。じゃあ、少しでも稼がないと。次の正式な職場は決まっているのかい？　まだなら、いっそのことウチに勤めたらどうだ……」

仕事内容を教える傍ら、課長はやたらと世間話をしてくる。

悪い人ではないと思ったが、そのお喋りに江本さんは、ややウンザリしてきた。

そうこうするうちに、二人はビルの横にある大きめのガレージ前にやってきた。

天井から吊るされた小さな電球のみで照らされた古いガレージの中はかなり暗く、社用のトラックとミニバンがそれぞれ二台ずつ駐められていた。

「……で、夜九時を過ぎたらこのガレージのシャッターを下ろす」

課長と江本さんが正面からガレージ内に入ろうとすると、内部の暗がりから若い男女が慌てて飛び出し、二人の前からそそくさと逃げていく。

「この辺りはさ、少し離れた所にラブホテル街があるんだ。だからだと思うが、発情したカップルがこのガレージ内でよく、チュウチュウやってるんだよ。中は暗いし、男女が隠れるためにちょうどよい剥き出しの鉄柱とかもあるからさ。でも、犬猫じゃねえんだからホテルまで我慢しろってんだ」

去っていく男女を尻目に、課長はニヤニヤしながら早口でそう話すが、江本さんはそれどころではなかった。

「あれは何でしょうか？」と、江本さんは逃げていった若い女を恐る恐る指差しながら、課長に言った。

ガレージ前の通路で、若い女は何事か叫びながら足をジタバタとさせている。

パートナーの若い男は、若い女の足元を見つめたまま隣で固まっていた。

若い女の左足首には、何処からいつ現れたのか不明だが、うつ伏せになった中年女がしがみついていたのだ。

薄暗い通路上でも、江本さんはその中年女の容姿をハッキリと見ることができた。

短い髪の中年女はやや太めの体型で、上下ともグレーのジャージを着ていた。

そして若い女の左足首を、両手でしっかりと掴んでいたのだ。

「ごめん、ママ‼　ごめん。もうしないから許してよ、ママ‼」

若い女はそう叫びながら、半狂乱になって左足を振り払い、更には右足で中年女の頭を何度も蹴って、必死に束縛から逃れようとしていた。

だが、中年女は首を上げて若い女を睨み付けながら、掴んだ両手を緩めようとはしない。

先ほどまでガレージ内でチュウチュウしていたはずの若い男の顔も青ざめており、何が起こったのか全く理解できていないようだった。

「本当にごめん、ママ‼」

やがて若い女が左足首から中年女の手を振り切ると、若い男をガレージ前に放置したまま繁華街のほうへと走り去っていった。

ガレージ前には事態を飲み込めない三人の男と、アスファルト上でうつ伏せになったままの中年女がいた。

頭を何度も蹴られた中年女は暫くの間、陸に打ち上げられた魚のようにビクン、ビクン、と太めの身体を震わせていた。

しかし突然、ピタッと動くのを止めたと思うと、四つん這いのまま、まるで若い女を追跡するかのように恐ろしく素早い動きで繁華街のほうへと移動し、三人の視界から消えた。

「兄ちゃん、付き合う女は選んだほうがいいぞ」

呆気に取られた管理課長が、若い男に警告すると、彼は「さっき会ったばかりなんです……あの女とは」と震えながら答え、そのまま繁華街とは別の道へ去っていった。

江本さんの話によると、自分の娘を追う四つん這いの中年女の動きは人間業ではなく、まるでカサカサカサッと素早く床や壁を這いまわる昆虫のようだったという。


そんなことがあったにも拘らず、江本さんはその夜間警備のバイトを暫く続けたらしい。中年女が去った直後、管理課長がその場で時給アップを申し出てきたからだ。

「幸い、その後はおかしなことは起こらなかったよ。中年女の正体は不明のままだけど」

江本さんは、複雑な笑みを浮かべながらそう言った。現在、彼は都内のリネン製品を扱う会社で正社員として働いている。

# 小さな母性

内藤 駆

「物心付いた頃から、飯を食っていると必ず近くに現れるんです。大型犬のラブラドールレトリバー、黒い奴が。それは今でも続いています」

都内某大学病院のSEとして働くアッシ君はそう語る。

「飯のときにだけ現れるその犬の正体は分かっているんです。俺は殆ど覚えていないのですが、自分が生まれる前から、実家でメスの黒いラブラドールレトリバーを飼っていたんです。名前はパル。早いうちに避妊手術を受けていたので、自分では子供を産めなかったパルは、俺が生まれるとまるで我が子のように、ひと時も離れなかったらしいです」

幼かったアツシ君もパルのことが大好きで、やはり抱きついて離れなかったという。

だが残念なことに、アツシ君が二歳になる前にパルは内臓の疾患で死んでしまった。

「幼い頃、何となく黒くて大きくて温かいモノに、いつも包まれていた記憶は僅かに残っているのですが。それが犬のパルだということが理解できる前に、彼女は天国に行ってしまいました」

しかしアツシ君が幼稚園に上がった頃から、彼が食事をしていると必ず近くに黒いラブラドールレトリバーが現れるようになった。

そしてアッシ君が食事を終えると、いつの間にか消えているらしい。

朝昼晩、三食全てに。何故、食事のときだけ現れるのかだけは今も分からない。

アッシ君が父親にそのことを話したら、「ああっ、それはきっとパルだね。お前のことが気になって、天国から戻ってきたのかもしれない」と笑って言った。

母親もそれに頷いて、幼かったアッシ君とパルが一緒に仲睦《むつ》まじく写っている写真を何枚も見せてくれたという。

ちなみに両親を含め、アッシ君以外の人間にはパルは見えないらしい。

それでも両親はアッシ君の話を、当たり前のことのように信じてくれている。

「それらの写真に写っている黒のラブラドールレトリバーを見て俺も、飯のときに現れる犬はパルだと確信しました。ただ、ちょっと奇妙なことがあって」

食事のときに現れるパルはとても小さいのだという。大きさとしては、未就学児が抱えるのにちょうど良いくらいのぬいぐるみ程度だという。

「そんな小さなパルが、家だろうが外出先だろうが、飯のたびに毎回現れるんです。俺の近く……食べるのに邪魔にならない位置で座り、見守ってくれるんですよ。優しい瞳で」

そして食事を終えると、安心したかのように小さなパルはその場から消える。

アッシ君は何度か小さなパルに触れてみようとしたが、近づくと消えてしまうらしい。

「いつまで飯の時間を見守ってくれるんですかね。俺もアラサーだっていうのに」

アッシ君は苦笑しながら言った。

「飯時にはいつでも会えるのだから、贅沢な願いかもしれないけれど、一度でいいから元の大きさのパルに戻ってもらい、思い切り抱きしめてやりたいですね。幼いときの写真みたいに……感謝の意味も込めて」

アッシ君は、いつも持ち歩いているパルと幼い自分のツーショット写真を恥ずかしそうに見せてくれた。

そこには、オムツ姿で笑いながら大きな黒い胴体に抱きつくアッシさんと、それを愛おしそうに見つめるパルの姿が写っていた。

# 増える

ねこや堂

「増えるんですよね」

「何が」

「ウチの母」

「何それ」

ワカメか。胸のうちでついツッコミを入れる。

「まあ信じてくれなくていいんですけど」

迷った末、といった風情で言葉を続けた京香は、紗和と同じ職場の同僚である。二人チームで仕事をする職場で、紗和は彼女が新人の頃から組んで仕事をしている。世間話や無駄話を気兼ねなくできるくらいには関係は良好だ。紗和が怪奇譚や怪談の類いを蒐集していることも知っているせいか、時には「そういう」話もする。

「その、上手くは言えないんですけど」

そう前置いて切り出したのは彼女の自宅でのこと。冷えたペットボトルのお茶を握り、二階の自室への階段を上った先。母がベランダで洗濯物を干していた。

「でもね、冷蔵庫開けてお茶を取るときに見てるんですよ」

母はリビングでテレビを見ていた。その後ろを横切って、二階への階段を上ったのだ。

「んんー、何だろう」

紗和は暫し考えを巡らせ、口を開く。

「京香さんのお母様は、働き者ですか」

「ええ」

止まっているのが苦手、というか、動いていないと落ち着かないタイプであるようだ。だからといって「増える」というのは。

彼女の母が「増える」ようになったのはいつ頃からなのか。

「家族で引っ越したんですよ、お祖母ちゃんちに。それからですね」

聞けば、母方の祖母が亡くなったのだとか。祖父を亡くしてから祖母が一人住んでいた家があるのだが、人に頼んで管理するのも、かといって処分するのも躊躇《ためら》われて、それなら良い機会だから引っ越した、ということらしい。

「ああ、お母様の生家なのね」

「ええ、父も弟もお祖母ちゃんち大好きだったので」

母が生まれ育ったその家は、立地の良さもあるのだろうが日当たりも良く、古い家ではあるものの何だか妙に居心地が良いのだと彼女は言う。

「それはきっと、良い家なのよ」

だから気にすることはない、との紗和の言葉に京香は顔を綻ばせた。

京香は暫く前からストーカーに付き纏われて困っていた。住んでいた家の住所も知られていたようなので、祖母の死が切っかけとはいえ、引っ越したのは良かったのかもしれない。それを思えば「増える」ことなど。

「本当だ。そうですね、気にするのやめます」

そう彼女が明るく笑ったから。その話はそれで忘れていたのだ。

数カ月後、何の前触れもなく京香が欠勤した。何かあったのかと心配していると、その更に数日後に出勤してきた京香の手首には白い包帯が巻かれていた。

「どうしたのそれ。怪我してるならまだ休んでても良かったのに」

「大げさなんですよ、大したことないんです」

ちょっと強く掴まれたから内出血しているだけで、痛みもないから、と。掴まれた？　誰に？

「何か大変なことがあったのなら、尚更休んでたほうが」

心配する紗和に彼女は肩を竦《すく》めた。

「実はストーカーに見つかっちゃったんです」

家に押しかけられたらしい。引っ越したことで開放されたという安心感に油断していたのだろう。何の警戒もなく開けてしまった玄関の前に、例のストーカー男が立っていた。瞬時に閉めようとしたドアを阻まれ、手を掴まれて揉み合いになったそのとき。

「うちの娘を離せっ！」

ベランダから。

庭から。

キッチンから。

風呂場から。

ありとあらゆるところから母が飛び出してきて、男に襲いかかった。

「ストーカーも私も、吃驚しちゃって」

それは——誰だって驚くと思う。

「お、お化け！」

男は腰を抜かさんばかりであったようで。

「二度と娘の前に姿を現すな！」

「頼まれたって二度と来るかっ！　こんなお化けが憑いてる女！」

正真正銘「増えた」ほうではない本物の京香の母が男に怒鳴りつけると、涙目でそう叫んで転がるように逃げ帰った、という。

「ひょっとして、お祖母ちゃんちで母が『増えて』いたのは、このためだったんですかね」

久しぶりに清々しく安らいだ顔で、京香は笑った。

# 深い愛

服部義史

「母についての話ですよね……」

安藤さんは人見知りな子だった。

いつも母親の陰に隠れては、周囲の様子を窺っていたという。

「家の中では何をしても許してくれましたし、母が僕を愛してくれたように僕も母が大好きでした」

そんな愛おしい関係も、彼が小学三年生のときに突然終わる。

癌を患った母親はあっけなくその命を終える。

「世界が終わるってこういうことなのかな、と当時は思いました。守ってくれる存在が消え、人見知りの性格からいじめにも遭いましたから」

学校には行きたくないので、登校したふりをして隠れたりもしていた。

しかし学校から父親へ連絡が入り、帰宅した父親には手を上げられた。

「どうせ何処に行っても殴られるんなら、死んだほうがマシだと真剣に思いましたよね」

思いつめた彼は裏庭にあった梯子《はしご》を伝い、屋根の上に立っていた。

本当に死ねるのかどうかは分からないが、辛い現状から逃げたい一心で地面へ向かって飛び出した。

「変な体勢で落下していたので、死ぬなって確信はありました。本当にスローモーションのように地面が近づいてくる様子は今でも頭に残っています」

鈍い音がハッキリと聞こえた。

だが、痛みのようなものは一切感じなかった。

もう死んだ状態なのだろうと暫くの間は倒れたままでいた。

死んだら幽霊になって自由に飛び回れるものと思っていた。

ところがそのような感覚は何もない。

おかしいなと顔を上げると、見慣れた景色が目に入る。

身体の何処も痛くもないし、擦り傷の一つも見当たらない。

(死ねなかったのか……)

そう理解した瞬間、聞きなれた声がした。

『――ダメでしょ、こんなことをしたら!』

怒られたことなど一度もないが、それは間違いなく母親の声だった。

小学生の頭と心では、この状況を説明できるはずもない。

ただ悲しくて、そして嬉しかったことは記憶している。

翌日、学校へ登校したらいじめっ子がやはり絡んできた。

『やめなさい!!』

母親の強い口調の声が聞こえると、いじめっ子達は何もなかったようにその場から離れていった。

「安心感というか、守られてるというか……。いや、正直に言えば、凄い武器を見つけたような気持ちでしたね」

その後は一度もいじめられることはなく、小学校を卒業できた。

「当時は頻繁に聞こえる訳じゃなくて、何か重要なタイミングで言霊みたいなものが発動されるんだろうという認識でした」

何事もなく中学を卒業し、高校生になった途端、母親の声は頻繁に聞こえるようになった。

『勉強しなさい』『いい大学へ行って、いい会社へ入らないと社会の負け組になる』

寝ようとしても繰り返される声は止まらないが、勉強を始めるとピタリと収まった。

その結果、有名大学にも一発で合格し、一流企業へも就職することができた。

「要約したら良い話みたいに聞こえますよね。でも、当事者からしたら地獄ですよ」

彼の中では勉強をした覚えはない。

繰り返される叱咤を収めるためだけに、ノイローゼ状態で知識を無理矢理詰め込んだ日々だった。

「思春期なんてものも、よく分からないままで通り過ぎましたよね」

高校生のときに好意を抱いた女の子がいたが、母親の声の邪魔が入る。

『この子はダメ。貴方をダメにする子よ』

その後はどんなに近づこうとしても、上手く行かない。

あからさまに避けられているように感じたこともあるという。

「で、母の望み通りの人生を歩んだんだから、もういいでしょって。もう三十過ぎているんですよ」

安藤さんはネットで調べた霊能者にお祓いを頼んだ。

「その結果がこれですよ」

テーブルの上に出された写真には、安藤さんが写っている。

その背後に、白い女性の姿が薄っすらと写り込んでいた。

「いつまで付き纏うつもりなんですかね？　姿まで出し始めるって、どういう心境だと思いますか？」

母の愛は止まることを知らないようだ。

# 天を駆ける龍

服部義史

田口さんは田舎町で育った。

海と山に挟まれた自然豊かな小さな町である。

「母親と近所の商店に買い物に行ったことを、今でもよく覚えています」

小学生のときは学校が終わると、食材を買いに二人で仲良く手を繋いで歩いていた。

その日、学校であったことや、通りに咲いている花を見ては綺麗だねと笑い合っていた。

ある日のこと、いつものようにお店に向かっていると、母親が空を見上げてぽつりと呟いた。

「龍が駆けてる……」

「えっ、なになに？　何かあるの？」

田口さんも母親の視線の先を追うが、綺麗な夕焼け空が広がっているだけであった。

「大変！　ごめんね、今日はラーメンでいい？」

「うん、別にいいけど」

母親に手を引かれ、家路を急ぐ。

帰宅した母親は箪笥の中から喪服を引っ張り出していた。

「これでよし……」

そのタイミングで父が帰宅した。

「ん？　どした？　どっかで不幸か？」

母親はぼそぼそと耳打ちで伝える。

「ん、そうか……」

「今日、ラーメンだけど、パパッと食べちゃいましょう」


食卓を囲みラーメンを啜るが、いつもとは違って何処か空気が重かった。

田口さんも両親の空気を察し、静かに食事を続けた。

そのとき、静寂を切り裂くように電話が鳴る。

母親は飛び跳ねるように席を立ち、受話器を上げた。

「はい、はい。すぐに向かいますね」


電話を切った母に父が問い掛ける。

「何処だった？」

「大木さんの御主人。家で倒れてそのままだったって」

「そういえば夕方にサイレンが聞こえてたなぁ。そうか、大木さんのとこだったか」

小さな田舎町である以上、殆どの人が知り合いのような関係だった。

葬儀は地元に一軒のお寺で執り行われるし、そのための準備などは婦人会と呼ばれる主婦達が協力し合うのがルールとなっていた。

「今日は遅くなると思うから、由香をお風呂に入れて、寝かしつけてください」

「ああ、こっちは大丈夫。葬儀は明日か、明後日か……」

「その辺も聞いてきますので。じゃあ、お願いします」

いつもは見せたことがない母親の真剣な表情は、田口さんの脳裏に強く刻まれた。


それから一年後、田口家は登別に温泉旅行に来ていた。

一泊二日のスケジュールで、チェックイン前に地獄谷を訪れていた。

「凄い景色だねー」

「地獄って、こんな感じなのー？」

茶色い剥き出しの岩肌と鼻に衝く硫黄の臭いは、非現実的な世界を醸し出してくる。

「でも、天気が良くて何よりだわー」

大きく背伸びした母親につられて、田口さんも真似をする。

青空にはぽっかりとした雲が三つ浮かんでいた。

(あれ……?)

一つの雲の陰から、黒い蛇みたいな物が空を這うように出てきた。

何だろうと目を凝らすが、距離があるせいかその正体まではっきりと掴めない。

「ねぇ、あれって何?」

田口さんが空を指し示すと、両親もその方向を見つめる。

「ん? あれは綿あめみたいな雲だな」

「そうねぇ、そっくりだねぇ」

「違うの! その横の! 黒い蛇みたいなあれ!」

その言葉を聞いた母親の表情は強張《こわば》る。

「見えるのか? 龍が見えるのか? お前に?」

「りゅうって何? りゅうなの? あれ?」

母親は目を手で擦りながら、龍に焦点を合わせようとしていた。

「見えない……。私には、見えない……」

「まだいるのか? ちゃんと見ろ! 本当に龍か?」

動揺した口調の父親が言葉を発したとき、黒い生き物は加速したようにうねり出し、山の向こうの空へ消えてしまった。

「りゅうって凄いんだねぇ」

天真爛漫《らんまん》な田口さんと裏腹に、両親のテンションは落ち込んでいた。

ホテルへの車中でも、母親は「もうダメかも……。だって、そういうことでしょ」と独り言のように呟き続けていた。

ハンドルを握る父親は、「そんなことはない。必ずって証拠はない」とこちらも自分に言い聞かせるようにぶつぶつと繰り返し続けた。

異様な雰囲気に、先ほどまで楽しかったことが台無しにされたようで、田口さんは悲しい気持ちになったことを覚えている。

「結局、これが最後の家族旅行でした」

ホテルの食事や温泉のことはあまり記憶に残っていない。

落ち込んだ両親とともにいた、ということしか覚えていないのは、家族旅行としては最悪な結果といえよう。

旅行から帰宅した一週間後の朝、母親は布団の中で冷たくなっていた。

父親の嘆き、悲しみ。そして、何かに対し憤る姿も田口さんは忘れることができないでいる。

「田口家に伝わるものらしいんですが、口伝で残されていたことなので、真偽や真相まではよく分からないし説明できないんです」

田口の姓を名乗る女性は龍を見ることができる。

龍は死の使いであって、見知った人に不幸が訪れるときに姿を現すらしい。

「その先は自分の感覚なんですが、龍との距離感が死までの日数を表しているような気がします」

母親の死後、田口さんは何度も龍を見た。

世間でよく知られる龍とは違い、黒蛇に短い手足が生えたような生き物であるという。

「あ、本当に硬そうな鱗《うろこ》は全身にありました。光の反射で鱗なんだなって思ったので……」

田口家口伝の最後に、龍を見る力は代々女性に受け継がれるというものがある。

ただ、次代に移った後は、命の灯が潰えるという。

そのルールはまだ破られてはいない。

# 母の愛

服部義史

　進藤さんは、幼少期から母親の愛情を感じて、すくすくと育った。

「父親の愛情がなかった訳じゃないんですが、仕事の関係で別の土地で暮らしていたので、どうしても母親に傾倒していきましたよね」

　子供の頃の記憶と言えば、自分を見つめる母親の笑顔の顔ばかり。

　叱られた覚えはなく、いつも一緒にいたような気がする。

「まあ、一般的にはマザコンと呼ばれる関係性だったと思いますよ。でも好きだったので、全然気にならなかったですよね」

　多感な思春期ですら一度も反抗や喧嘩をすることもなく、幸せに暮らしていた。


　進藤さんは高校を卒業すると、とある会社に就職した。

　配属先までは車で一時間近くも掛かるが、居心地の良さを優先し、自宅から通うことを決めた。

「残業で深夜に帰ってきても、母は起きて待っていましたね。御飯も、風呂も、全てが当たり前にあるものだと思っていました」

　しかし、子供の頃からの日常と思っていた形に、変化が訪れる。

ある日曜日、幼馴染みのマナトが遊びに来ていた。

仕事の愚痴や、ゲームの話で一頻《ひとしき》り盛り上がった後、友人が部屋を見渡す。

「だけどさぁ、ずっと気になってたんだけど、これって趣味？　ガキの頃からあったよね？」

進藤さんの部屋の中には至る所に不思議な物が置かれていた。

木札、小さな社《やしろ》、大黒様の置物、小さな招き猫などなど。

部屋の四方に飾り棚を設置し、点在するように神仏関係の物や縁起物が祀られていた。

その数は五十近くもあったので、ある種、異様な光景といえる。

「あー、子供の頃から置かれていったからなぁ。何か有名な神社とか、縁起の良い物とかだから、置いておいたほうが良いって言ってたなぁ」

母親が不定期に持ってきては、大事そうに飾っていった。

「そんなに変かな？」

「いや、変だろ。何か圧迫感があるっていうか、見られてるっていうか……。お前の部屋って、昔からちょっと怖いとこがあったよね？」

「そうかなぁ……」

マナトが帰宅した後、何の気なしに飾られている招き猫を手に取ってみる。

埃の一つも付いていないことから、母親がこまめに掃除をしているのだろう。

招き猫を元の場所に戻そうとしたとき、進藤さんは小さな社が視界に入った。

違和感を覚えた訳ではないが、どうにも気になる。

手に取ってみようとするが、その社は何かに引っ掛かっているように抵抗していた。

(固定とかしてるのか？　いや、後ろに何か……)

無理矢理引き剥がそうとすると、社はバラバラになってしまった。

そして、社の置かれていた壁面には、黒い突起物が残っている。

(何だこれ……)

まじまじと顔を近づけて確認する。

何処かで、何かで見たような気がする——。

——カメラだ。

先端の筒はレンズ部分で、その先のケーブルは壁を貫通しているようだ。

隣室は両親の部屋となっている。

躊躇うことなく進藤さんは両親の部屋に入り、ケーブルの位置を確認する。

そこには本棚が置かれているが、ずらしてみるとケーブルが壁に固定されている。

ケーブルの先を辿っていくと、パソコンラックの下側にある黒いボックスに接続されていた。

そのボックスからはデスクトップへ繋がっている配線も確認できる。

パソコンの電源は点いたままになっていたので、フォルダーの中身を色々と確認していく。

心の中では、まさかと思いながらも、マウスの動きは加速していった。

「マジ……か……」

日付だけが記入された動画データを開くと、彼の室内が広範囲で映っていた。

時間を進めていくと、母親が室内に入ってきた。

ソファーやテーブルを端へ移動させると、何かを周囲に撒いている仕草をしている。

その場に座り込むと、両手を合わせ、何かに祈るようなポーズを取った。

音声は入ってはいないが、徐々に興奮したように彼女の身体は震え始め、最後には両手を天に伸ばすようにして、その場に崩れ落ちた。

五分程動きはなかったが、意識を取り戻したように起き上がる。

その後、掃除機を持ってきて、撒いたものを掃除した後、ソファーやテーブルを元通りにして部屋から出ていった。

更に時間を進めていくと、帰宅した自分が部屋着に着替え、部屋を出ていった。

いつもの流れなら風呂に入りにいったのだろう。

進藤さんの頭の中は混乱する。

母親の奇妙な行動は、何かの怪しい宗教にのめり込んでいるのだろうか？

そんな素振りは普段は一切見せないが、常人が取る行動とは到底思えない。

更に意図は不明だが、自分の部屋が舞台となっていること。

その所為で、下着姿も録画されているし、日付が書かれているということは日常的に盗撮されていると思われる。

幾ら親子とはいえ、物事には限度がある。

愛情や絆《きずな》という言葉では看過できないほどに、進藤さんの怒りは湧き上がっていた。

「ただいまー」

ちょうどそのとき、パートから母親が帰宅した。

怒りの収まらない進藤さんは母親の許に向かい対峙する。

「何？　怖い顔してどうしたの？」

盗撮について、怒りをぶちまけたいが上手く言葉が出てこない。

どんな行動を取っていたとしても、母親に対する愛情なのか、無意識に言葉を選んでいたようだ。

「暫くはマナトのとこに泊まるから。そっから会社も行くから！」

「えっ、どうしたの？　マナト君に何かあったの？」

そこから先は何も答えずに、手早く荷物を纏める。

「じゃ！」

心配そうに見つめる母親を後に、進藤さんは家を飛び出した。

「何？　急にどうした？　別に俺は構わないけどよぉ」

マナトには詳しい事情を話さずに、当分の間、居候させてもらうことをお願いした。


それから三日後の夜、進藤さんの携帯に父親からの着信があった。

母親から何かを言われたのだろうと、無視を決め込む。

そして翌日の夜、しつこいくらいに父親からの着信が続いた。

「なぁ、出なくていいの？」

「ああ、どうせ説教になるだけだから」

暫くの間、放置していたが、一時間近くも携帯は鳴り続ける。

「やっぱ出たほうがいいって。普通じゃないって、それ……」

マナトとの関係を悪化させる訳にもいかないので、不機嫌そうに渋々電話に出た。

「ああ、もしもし……」

「馬鹿野郎！　何やってんだ！」

「何もかにもないよ。マナトのとこだから、説教は後にしてくれる？」

「いいから早く帰ってこい！　母さんが、母さんが！」

父親は病院の名前を告げ、進藤さんは自分の感情の整理が付かないままタクシーに飛び乗った。

「まあ、生きてはいたんです……」

父親は必要な物があったので母親に電話をしたが、一向に連絡が取れない。

進藤さんにも電話をするが応答がなかった。

これまでにそんなことはなかったので、家族に何かがあったと思い、会社を休んで実家に帰省した。

静まり返った家の中、妻と息子に呼び掛けながら姿を探して回ると、進藤さんの部屋で倒れている母親を発見したという。

「色々と検査をして、脳梗塞とか心臓発作みたいなものではないようなんですが……」

現在、母親は痴呆のような状態でいる。

徘徊などはしないが、虚空を見つめ、時々ぶつぶつと独り言を言う。

父親は会社に事情を説明し、一度は妻の介護をしながら働こうとしたが、現実的に無理があった。

止むを得ず、妻を施設に入れ、また地方の職場へ戻っていった。

進藤さんは一軒家に一人で暮らすこととなる。

「何処から話したらいいんでしょうかね」

父親は進藤さんの部屋にカメラが仕掛けられていたことは知らなかったという。

飾られていた品々についても、一切関わっていないようだった。

進藤さんが確認した母親の異常行動の映像を見せようとしたが、拒絶される。

「これ以上、辛い思いをさせないでくれ」

その一言で、この件については父親と話すことはなくなった。


「後、部屋の圧迫感が凄くなっていて……」

霊感などは持ち合わせていない進藤さんだが、彼の部屋の中には一歩入った時点で、説明のできない怖さを感じる。

それ故、寝る場所は隣室の夫妻の部屋を使用している。

「多分、僕も色々と考えないようにしていたんでしょうね」

三カ月程は、家は寝るために帰る場所という認識だった。

ある日のこと、なかなか寝付けないでいたら、ふとカメラのことが頭に浮かんだ。

(あの日のことも録画されているよな……)

進藤さんは飛び起き、母親が倒れた日の動画を探す。

その瞬間を確認しようと時間を進めていくと、母親は進藤さんの部屋に入ってきた。

前回同様、ソファーやテーブルを端に寄せると、何かを撒き始めた。

――フッ、と白い靄《もや》がカメラを横切り、母親の姿が一瞬消える。

また母親の姿が見えたと思ったら、部屋の四方から小さな丸い球が母親目掛けて集まり出した。

母親の姿は消え、そのうち画面の全てが真っ白に染まった。

五分程、その映像で変化はなかったが一瞬、黒い何かが画面中央で光る。

その後は徐々に白い画面が薄れていき、部屋の中が見え始める。

ただ、母親は既に床に倒れていた。

全く動かないことから、完全に気を失っているように思える。


進藤さんは先ほどの光る黒いものが無性に気になった。

時間を戻し、その正体を突き止めようとした。

一度ではよく分からない。

二度、三度と再生し、タイミングを合わせて動画を止める。

――大きな一つの瞳であった。

何処か無機質な感じから、人間の物ではなく、動物……ネコ科の瞳のように思える。

全体に黒っぽい瞳はまばたきのような動きを一度して、消え失せていた。

「本当のことは分からないんですが、アレが原因だと思います」

母親はアレが進藤さんの部屋に居座っているのを知っていたのではないだろうか。

そして何とかしようと、謎の儀式を行っていたのではなかろうか。

飾られた神仏系の品々も、意味があって置かれていたように思える。

そして部屋の中が無事であることを確認するために、映像を撮っていたのではないか。

「ただ、不思議なことが……。一人でカメラを設置したりは絶対に無理なんですよ。そんな知識も技術も持っていませんでしたから」

現在、意思疎通のできない母親から、真相を確認することはできない。

そして、元の進藤さんの部屋には立ち入ることなく過ごしているという。

# 糾《あざな》える

――奇譚ルポルタージュ

久田樹生

今回のアンソロジー、テーマは〈母〉であるという。

実録怪異譚を聞き集めていると、そこに母が関係することが多い。否。極論だが、生きとし生けるもののものは母から生まれている。そして母という概念・定義すら無視したよう何見えるものでさえ、母に関わっていることもある。どういう形でも〈母〉はそこにあるのだ。


さて。この〈糾える〉、当初予定した原稿ではない。三つ目に書いたものだ。

最初は別の怪異ルポを〈マザーズ〉というタイトルで進めていたのだが、途中でストップを掛けた。次も別の怪異ルポで、タイトルを〈母とは〉として書き出した。が、こちらも諸事情でペンディングしてしまった。理由は、色々あったからだ（お察し頂けたら幸いである）。また単純に言えば、大量の頁数を要してしまったからもある。この二タイトルで約百六十ページ超。とてもではないがアンソロジー向けと言えない。率直に言えば、チャンスがあればこれらの原稿を〈マザーズ〉と名付けた書籍として、一冊にまとめ上げて出してしまったほうがベストであると判断したのだ。

悩んだ末にこの〈糾える〉を書いた。

以前から取材を続けていたものだ。当アンソロジー向けかもしれないと思ってリストアップしていたが、一端保留した。逆に言えば、別の機会に発表するつもりだったとも言える。勿論こちらも色々あったが、最終的に許しが出たようだ。

さて、仕切り直そう。

これから記すのもまた、ある意味〈マザーズ〉向けである。

## ねっ

某女性が幼かった頃だ。

彼女はお母さんの姿が目に届く範囲にないと火が点いたように泣き叫んだという。保育園に入った直後など、母親がいなくなると引きつけを起こすほどに泣き喚いた。ところがすぐに泣くことはなくなった。幼子なりに何かを理解したのだろう。

中学生になった頃、彼女の母親がこんなことを教えてくれた。

「貴女が保育園に入って一年経ったくらいかな。変なことがあってね」

母親が職場にいると、隣の席の女性同僚がそっと耳打ちしてきた。

「ねぇ、赤ちゃんの泣き声、しない？」

会社には保育所もなければ、子供を連れてくるような来客もない。

耳を澄ますと、微かな泣き声が聞こえた。それでも酷い泣き方だと伝わってくる。少し前は我が娘もこうやって大声で泣き叫んでいた。泣かなくなったと聞いているが、本当に保育園で大丈夫だろうか。そんなことを考えた瞬間、背後から声が聞こえた。大人の、それも老婆のような声色だった。

——だぁじょうぶ　や　ねっ。

文字で再現するとこんな感じであった。方言だろうか。母親にはそれがすぐに「大丈夫ではない」という表現であることが理解できた。ねっ、に否定の意味を読み取ったのだ。

思わず振り返るが、誰もいない。その視線の向こうにある棚の前に、上司の背中が見えた。彼が分厚いバインダーを掴んだ瞬間、その腕がカクンと垂れ下がった。ややあって、形容し難い叫び声が轟《とどろ》いた。それは上司から発されていた。

部署は騒然となった。蹲る上司の周りに皆駆け寄る。赤ん坊の声がどうなったか分からない。知らないうちに止んでいた。

上司の腕が折れていたことが分かったのは、後のことだ。

そして「赤ちゃんの泣き声、しない？」と口にした同僚の子供が事故に遭ったと連絡があったのが、上司が救急車で運ばれてすぐだった。同僚の子供は、小学一年生であった。

あの老婆の声の正体は、今も分からない。

## あーさーん

ある女性が教えてくれた。

〈あーさーん〉という落書きを見たことがある、と。

小学生時代、修学旅行で泊まったホテルでのことだ。

和室タイプの部屋だったので、押し入れがあった。

布団が敷かれた後、空になったその押し入れ奥の壁に〈あーさーん〉と書かれているのを誰かが発見した。硬貨か堅い何かでひっかいて付けたようなものだ。横書きで、一文字が十円玉大だった。何だろうねぇと皆で首を捻ったが、答えは出なかった。


消灯時間が過ぎた後だ。

友人同士の会話は、好きな人のことから当然のように怪談話へ会話がシフトした。

薄暗い中のせいか、知っている話だとしても、とても迫力がある。

話は自分達が住んでいる地域の怪談になった。

〈一家惨殺事件で殺された子供は、今も母親を求めてその場で泣いている〉

ありがちであるが、当時は非常に肝を冷やした話だ。何故ならば、知っている地名や地域が出てくるからである（ただ、成人後に一家惨殺の事実はないと知った）。

部屋が軋《きし》む音がした。空調や他の原因だろうが、全員が飛び上がった。誰かが口を開く。

「この部屋は祟りの部屋。押し入れの〈あーさーん〉は呪文で、それを唱えると助かる」

どうしてそんな話になるのか理屈は不明だが、皆は口々に「あーさーん、あーさーん、あーさーん、あーさーん……」と繰り返す。大きな声を出すと怒られるから、囁くような唱え方だった。

唱え続けるうち、可笑しくなってきたのか誰かが笑った。釣られて殆どの人間が吹き出す。大きな笑い声を上げていると担任の先生が飛んできて、大目玉を食った。

大人しく布団に入り、目を閉じる。少ししたらすぐ眠りに落ちた。

翌朝、担任の先生の姿が見えなくなっていた。

「○○先生はおうちの事情で帰られました」他の先生から説明があった。

その事情が、担任の先生のお母さんが昨晩、突然亡くなったことだと知ったのは、修学旅行が終わって大分経ってからだ。葬儀も既に終わった後だった。

そのとき、担任の先生の母親がそんなことになっているとは知らなかった彼女達は、翌朝押し入れを覗いた。あの落書きをもう一度確かめようと思ったからだ。

ところが、微かな横線しかなかった。見ようによってはただの傷でしかなかった。

## 葬儀にて

彼女が高校二年の秋を迎えた頃、伯母が亡くなった。

闘病生活の末だったので、親族一同覚悟はできていた。

彼女は、この伯母からとても可愛がってもらっていたという。

伯母はとてもお洒落で趣味が良く、映画や読書の楽しみも教えてくれた相手だ。

病のため、長く付き合っていた彼氏と別れたと聞いたのは死の一年くらい前だろうか。伯母とは仲のよい姉妹のような会話を沢山交わしていた。母親や友達に相談できないことも、伯母には素直に打ち明けられたのだ。伯母も「貴女にだけだよ」と秘密の話をよくしてくれていた。

亡くなったと聞いた瞬間は、ただただ驚くしかできなかった。だが、少し落ち着くと涙が溢れて止められなくなる。伯母がいない悲しみを自覚したからだった。

勿論通夜と葬儀にも参列した。

お棺の中の伯母は綺麗にメイクされていたが、生前と少し違う顔つきに思える。

もう二度と一緒に出かけたり、話をしたりできないのだなと改めて思い知った。

葬儀には友人と称して元彼が姿を見せた。生前の伯母に紹介されたことがあったから、見間違えではない。怒りが湧いた。伯母が亡くなる少し前、まだ会話ができたときに彼女から病室で聞いたことを思い出したからだった。

「実は、彼と別れるとき、とても酷いことを言われた」

自分は病気で長く生きられないかもしれない、もしある程度生きることができても、貴方との子供は望めない確率が高い。だから、別れてほしいと伯母は彼に話した。

その途端、手のひらを返したように彼の態度が変わった。

「病気と聞いていたが、とんだ欠陥品だったな。まあ、お前の代わりになりそうなのはもう、見繕っているから別れても問題ない」

こんな内容の言葉を吐き捨てたようだ。

「貴女は私のことを趣味が良いって褒めてくれるけれど、男性の趣味は悪かったね」

自虐的な言葉を口にした後、伯母は声を殺して泣く。どう言って良いか分からず狼狽《うろた》えていると、伯母は低い声を絞り出した。

私、死んだらあの男を、呪い殺すから。

――あの優しい伯母にそこまで言わせた男が目の前にいる。それも悪びれすらしない、元気な姿で。伯母の呪いは効かなかったのだ。それはそれで良かったと思った。あんな屑を呪って、それが成就したら伯母の魂に傷が付くだろう。元彼は焼香を済ませると、こちらにやってきた。少し言葉を交わしたが、最後にこんなことを呟いた。

「キミも美人になったね。高二か」

とても厭らしい笑みを浮かべ、舐めるように身体を見てきた。鳥肌が立ったのは言うまでもない。同時に、どの面《つら》を下げてきたんだ。死ねばいいのに、と心の中で呟いた。

その後も元彼が死んだという話は聞かなかった。

だが、伯母の葬儀から一年も経たないうちに、母親がこんなことを教えてくれた。

「ほら、お姉ちゃんの元彼なんだけど」

自損事故で両手首を失ったらしい。伯母の妹である母親の耳に、誰かが伝えてくれたようだ。

母親は嬉しそうだった。

「お姉ちゃんに酷いことをしたの知ってるから。ざまあみろとしか思えない」

母親も聞いていたのかと驚きながら、その発言が意味することを理解する。

元彼の仕事は手先を酷使する。もし指が使えなくなれば、廃業するしかない。そしてこの仕事は誇りであり生きがいだと、奴は豪語していた。もしこの仕事ができなくなったら、生きていられないとすら口にしていた。

両手首がなくなった今、あの男は自慢の仕事を辞める他ない。ある意味、死んだのと同じではないかと想像できた。そこから心を病み、自死してしまえと願ってしまった。

ところが、男は今も生きていると人伝に聞いた。働かず、手当と人に集《たか》って生活しているようだ。どんな形でも生存している。死んではいない。

ただ、生き恥をさらして今ものうのうと暮らしている——。

**どうなった**

ある人物の大学生時代だった。

よく使う道にある空き家の前に佇み、両手を合わせる人を彼女は目にした。

中年くらいの女性で、ツーピースの白いスーツを着ている。

門の前から玄関に向けて、頭を垂れつつ拝んでいるように見えた。

横目に見ながら通り過ぎるが、集中しているせいかこちらには反応しない。

その空き家は住む人がなくなってから売り家にも貸家にもなっていない家だ。

一体どんな事情があるのか分からないが、女性の姿はどことなく寂しげに見えた。

以降、白いスーツの女性があの空き家の前に佇んでいるのを時折目にするようになった。毎回門の外で手を合わせている。が、どれも違う女性だった。初めて出会った人は痩せ型だったが、次は少し肥っていた。その次はやたらと背が高かった。衣服は決まって白いツーピーススーツだが、髪型や靴、持っているバッグは同じではない。例えば、茶髪のセミロングや黒髪のショートカット、グレーヘアなど様々だ。年齢も様々で、二十代らしき人から初老までいた。

何に手を合わせているのか。どんな事情があるのか。とても想像が付かない。一度声を掛けてみたことがあるが、完全に無視された。

卒業するまでに十人は遭遇したが、やはりどれも全部違う人物だったと思う。

ただ、誰かと一緒にいるときに空き家の前を通っても姿はない。だから「あの空き家を拝んでいる女性がいる」と話しても、誰も信じてくれなかった。仕方なく証拠画像を撮ろうとしたこともある。だが、そんなときに限って相手は手を合わせるのを止め、こちらを睨み付けてきた。無言の威圧だった。遠くからレンズを向けても気付かれ、身を隠される。一度は追いかけられそうになったこともあった。結果、撮影が成功したことは一度もなかった。

大学卒業後、就職でその地域を離れた。まだ住んでいる知人にあの家と白いスーツの女性について訊いたことがある。答えはいつも「家はある。そんな女の人は見たことがない」だった。

つい先日、問題の家が倒れたと聞いた。大雨と強風の日、倒壊したらしかった。

現在は更地になっている。あの白いスーツの女性は、いまどうしているのだろうか――。

## 伝え聞くところに寄ると

某人が知人から聞いた。その知人の実家近くに、ある一族がいる。

かなり昔から続く家で、現在は小さな会社を営んでいるという。

この家は、子供が居着かなかった。幼いうち、或いは成人する少し前に亡くなる。亡くならない場合は成人後に何らかの原因で行方を眩《くら》まし、殆どが帰ってこない。

家が続くのは、最終的に後継ぎの男子ができるからにすぎない。

例えば、数名産まれたうち、男の子の一人が辛うじて生き残ってくれる。それもない場合は、出ていった子が母親になって戻ってくる。連れている子は男子である。子供の父親は別れたか、逃げられたか、夭折《ようせつ》したかで存在しない。

近隣の事情通曰く「あの家は祟られている」。

曰く、その家の先祖がこの土地へ辿り着く前に、何か罪を犯した。が、裁かれることがなかった。辿り着いた後から、子供がある程度の年齢になると行方不明になる。自分で出ていったのか、攫《さら》われたか分からない。何度か男児が独り残るので、家を保つことができた。

後にこの家に出入りするようになった人物は、俗に言う拝み屋だった。

〈犯した罪でこの家は祟られ子供が居なくなる。こうこうこうして、きちんとしなさい〉

祟りから逃げられるように何らかの方法を家長と家族に教えたらしいのだが、馬鹿にして無視をしてしまったようだ。それ以降、子供が死ぬようになった。

以来、何人産んでも死ぬか出ていくかする。そして、家を継ぐ子が一人だけ残る。或いはいなくなった子が産んだ男児を連れて戻ってくる。そのおかげで家は続く。周辺の家々は〈延々と祟って苦しめるためではないか〉と噂し合った。

件の拝み屋が伝えた方法は全く伝わっていない。だから幾度かその家の者がそういった人間に相談へ行ったようだが、大体が「お手上げです」と断られる。もう、どうしようもなかった。

今の後継ぎは大学生である。他に子供はいない。

家族仲は悪くないらしいが、この先どうなるのか誰にも予想できない。

## 道

さて、既にある程度予想が付いている方もいらっしゃるだろうか。

ここまで書いてきた話は、一人の女性を起点にして集められた。

その人を仮に小佐部菜恵さんとしよう。彼女は二〇二四年時点で二十八歳である。

小佐部さん自身が見聞きしたものもあれば、知己から聞いたものも混在している。中には体験した当人を紹介していただいたこともあった。

ただし、どれがどなたのものであるかは伏せる。御容赦いただきたい。


何故、彼女は体験者でありつつも、このような話を聞き集めるのか。自身が厭な目に遭ったのだから、避けて通っても不思議ではない。

曰く「集めていた訳ではない。それに最初は自分の体験は気のせいや勘違い、思い込みだろうと思った。客観的に考えて、おかしいと自覚してからは（そういう類いのものを）避けるようになった。しかし何故かそういった話に出会う機会が増えていく。雑談の中に混じっていることが多く、気付けば聞かされている。確か、中学を卒業するくらいから更に増えたと思う」。

こう言った不可思議な世界に関して、彼女は元々否定的だった。代わりに、周りの友人や知人に肯定的な人間が多かったという。

覚えていなければいいのだろうが、何故か内容が記憶に強く残った。その内、そういった話に対する姿勢が若干変化する出来事があったという。

それは、彼女が社会に出て半年過ぎた辺りだった。

小佐部さんは友人から誘われて、九州某所の占い師の所へ訪れることになった。異様なほど当たる上、俗に言う〈見える人〉であると友人から説明された。

当然、難色を示した。しかし友人はどうしてもと譲らない。聞けば、就職先での人間関係に悩んでおり、転職するか続けるかを訊きたいと答える。かなり真剣な面持ちだった。「遠いところだし、独りだと怖いから付き合って」と懇願される。その切羽詰まった表情に思わず折れてしまった。どうせなら旅行として、そして占いはある種のアミューズメントだと割り切って楽しむのも手だと意識を切り替えたのである。

関東某所から移動し、福岡県で一泊した。ここから電車とバスを乗り継いでいった先に、その占い師がいる。朝から移動して訪ねる予定だった。

ところが翌朝早く、友人の携帯に連絡が入った。火急の用事だった。彼女は「関東へとんぼ返りしなくてはならなくなった」と謝る。それなら一緒に帰ると言ったのだが、友人は頑として聞き届けない。それどころか「私の代わりに占い師さんに会って、内容を訊いてきて」とお願いされた。ネットで予約した際、概要は伝えているらしい。

友人を見送った後、渋々占い師を訪ねる。三時間以上掛かった。

小さなマンションの一室が占い師の事務所だった。看板は掛かっていない。ネット予約した者にだけ、住所などが教えてもらえる。

玄関で出迎えてくれたのは、四十代になるかならないかくらいの女性だった。普通の格好で、外を歩いていれば占い師だと分かる人はいないだろう。ただこちらの顔を一瞥した直後、何か一瞬身構えられたような気がした。

占いをするための部屋へ通される。本が詰まった本棚が数竿《さお》壁に並んでいた。大きく明るい窓にはレースのカーテンが掛かっていて開放的だ。中央には木製テーブルと椅子が四脚並べられている。卓上には占いの道具らしきものが並んでいた。そのテーブルを挟んで座る。

友人からの言伝《ことづて》を伝えようとしたとき、占い師は一枚のプリントを取り出した。そこにはパソコンで打った文章と、手書きのメッセージなどが書き込まれていた。

予約のとき、ある程度聞いていたからここに纏めておいた、占ううち、御本人が急に来られなくなるような気がしたから印刷しておいたので渡してほしいと、平然と言ってのける。

演出だなと思った。朝八時には友人が占い師に電話で「代理の者が行く」と伝え済みだ。それから長い時間を掛けてここまで来たのだから、文章を書く時間は十分ある。

「お友達に大丈夫だからってお伝えください。後悔のないようにと」

占い師に謝礼を手渡すと、彼女は意を決したような表情で口を開く。

「――貴女、変な出来事に遭ったり、そんな話を聞かされたりするでしょう?」

不意を突かれたことで、思わず頷いてしまった。貴女のことも見させてと言い出す。ただし、有料だった。対価がなければ私が貴女を正しく見られなくなるから、その一番簡単な対価がお金だから、という理由だった。

あまり安くない金額を渡した。何故素直に支払いをし、占わせてしまったのだろう。今も分からない。

本を見たり、道具を使ったりした後、占い師は渋い顔になった。

――貴女の道は、この先三つに分かれます。

一つは、自分がどう抗っても避けられない大きな不幸が訪れる道。

もう一つは、やや不幸が緩和されるが、対価に何か取られる道。

最後は――。


「貴女がお母様と同時に命を落とす道。多分、数え年で三十一から三十三歳の間」


どういったことで道が分岐するか、現状ではハッキリと分からないようだ。ただ、三つ目だけ数え年という具体的な数字を提示される。

どれもこれも碌《ろく》な内容ではない。カッと頭に血が上った。言い返そうとしたとき、占い師が深々と頭を下げる。勢いを削がれてしまった。

「普通ならこんなことは言わない。占い師というのは、どんなネガティブなものを見ても、そこから良きほうを目指せるようお伝えする。しかし、今回はどうしてもストレートに伝えなくてはならないと思った」

真顔のまま、占い師は続ける。これまで小佐部さんが不可思議なものを見聞きさせられてきた訳もこれらに繋がっている。産まれるずっと前から色々なことがあって、全てが繋がっているからこそ、この先の道がそうなっている、今日、御友人が来られなくなったのも、これを貴女だけに伝えられるように導かれたのかもしれない。そして今回のこの件を含めて、全部が必然であったように私には見える、と。

訳が分からない。そもそも何故この占い師は自分が不可思議なものを見たり聞かされたりしていたことを知っているのだ。友人から得た情報なのか。それに何が繋がるというのだ。心の中で否定している中、占い師は低く強い声で断言した。

「ただ、お母様と御一緒に命を落とさない場合、他の二つは死ぬより辛い道になる」

こちらも三十から三十二歳の間に顕在化すると、ここで明かされた。どんなことが起こるのか、半ば馬鹿にしながら訊いてみる。占い師は逡巡《しゅんじゅん》するような表情を浮かべたが、教えてくれた。

三つの不幸は、世の中の動向に関係する。母親とのことも、大きな不幸も。もし貴女の受ける不幸が僅かに小さくなっても、大切な何かを失う。これは絶対に取り戻せない。

「残酷だけれど、お母様と命を落としたほうが、やはり幸せかもしれない」

母親と死ねば幸運だと言うのか。具体性のなさとあまりの言い様に、思わず立ち上がった。

インチキ占い師の手口だ。不安を煽《あお》って、高額なお布施やグッズを買わせるパターンだ。いや、それ以前に〈母と一緒に死んだほうが幸せだ〉という言いぶりが気に食わない。頭にくる。

怒鳴ってやろうとしたときだった。

「お母様……マサエさんにはこの件は内密に。教えたら余計悪くなります」

マサエ。雅恵は自分の母の名だ。これまでこの占い師に一切教えていない。どうやって母の名を知ったのか。やはり友人から聞き出した？　いや、そんな話は耳にしていない。もし聞いていたとしたら、何故そんな必要があった？　それに余計悪くなる？

気勢を削がれた。頭の中が混乱する。目眩《めまい》までし始めた。吐き気がする。

事務所を辞した後、ふらふらになりながら福岡空港へ辿り着いた。飛行機に乗ってからは少し落ち着き、占い師の言葉を反芻《はんすう》する。三つの道。数え年の三十一から三十二。信じてはいない。それでも箇条書きのメモを残した。強く否定と嫌悪をしながら。

それから何年も過ぎた。友人は占い師の助言通りに転職し、幸せそうだ。

小佐部さん自身の占いについては一部を除いて話していない。無論、母親の耳には絶対入れないように注意を払っている。占い師の言葉は全面的に信じていないが、やはり気になるからだ。ただ、あの一件以降、不可思議なことに対する姿勢は少しだけ変わった。勿論基本は否定的である。が、ほんの僅かだが受け取り方を変えた。自身に持ち込まれる話に耳を傾け、ただただ聞くようにしたのである。

そして今、タイミング良くそれらの話を訊きたいという人間が現れた。だから伝えている。

この先も許されるのなら話して聞かせたい。それは何故か？　母親以外に話すこと、書かれることで占い師の言っていた三つの道以外へ分岐するかもしれないと思うからだ。あの占いを全面否定しているのにこんな行動をするのは矛盾していると、自分でも理解している。しかし何処か恐れているのも事実だ。だから、そんなことを考える。ただし、それらが記された出版物は事情を知る者以外に見せない。特に母親には知られたらいけない。だからこそ、パーソナルな部分や占いで言われたことを一部ボカしてほしいと、お願いされた。

九州の占い師だが、訪ねてから半年も経たない内にネットの窓口が消えた。友人が知っていた電話番号やメールアドレスも不通になっている。マンションまでの道程は記録しているが、行ったところでどうなるのか。意味がないような気がして再訪していない。

小佐部さんは二〇二四年の冬に、二十九歳を迎える。

数えの三十一歳が見えてきた。三つに分かれた不幸の道はないと信じている——。

# 鬼灯《ほおずき》

ひびきはじめ

五十代後半の男性Aさんが小学生のときに体験した話だというから、昭和四十年代の終わり頃のことになる。

Aさん家族は当時、山の麓にある小さな集落に暮らしていた。

同じ集落に伯父の家族も住んでいて、正彦の頭を取って「正兄ちゃん」と呼んで慕う年上の従兄がいた。

正兄ちゃんは当時十七歳。

彼は中学を卒業するとすぐに隣市の鉄工所に就職をして働いていたそうだ。

当時田舎出身の中卒男子は、経済成長を支える労働力として工場などから引く手あまただったという。

正兄ちゃんは職場の用意したアパートの一室に同僚三人と住んでいた。

鉄工所は実家からそう遠くはなかったが、自転車なら二時間近く掛かる。

それでも正兄ちゃんは月に一度か二度ある休日には必ず自転車で帰ってきたそうだ。

お土産にお菓子をくれることもあったし、村のお年寄りから頼まれた、町にしか売っていない日用品を買ってきてくれることもあったという。

正兄ちゃんが休みごとに家に帰ってくるのにはもうひとつ大切な理由があった。

元々身体が丈夫ではなく、無理をしては寝込んでしまう正兄ちゃんの母親、つまりAさんの伯母さんを心配してのことだった。

結果的に伯母さんは手遅れとなるまで持病が悪化してしまったのだが、周囲の目もあり、それまでしっかり治療のために休むということができなかったのだそうだ。

まだ地方の寒村において「嫁」はそうした立場であった。

ある夏の夜、遂に起き上がることもできなくなり自宅に臥していた伯母さんが、いよいよ危ないという状態になった。

伯母さんの病床には、Aさんの両親と、隣村にある診療所の老先生が駆けつけていた。

子供心にただならないことが起きていると感じたという。

「伯母ちゃん、死なるかもしれん」

Aさんの母親が、忙しなく動きながらAさんにぼそりと言ったそうだ。

連絡を受けた正兄ちゃんもすぐに帰ってくることになった。

ところが間の悪いことに自分の自転車はパンクしており、次の休日に修理するつもりだったという。

そこで正兄ちゃんは先輩の古い自転車を借りて家へと急いだ。

市街地を抜けるとやがて外灯も途絶え、田んぼに挟まれた暗い農道になる。

田舎に生まれ育った者には慣れた状況ではあるが、厚い雲に覆われたその夜は、正に鼻をつままれても分からないような暗闇だった。

じっとしていても仕方ないAさんは、集落の入り口辺りまで正兄ちゃんを迎えに行くことにした。

暫く待つと、遠くに自転車に乗る人の姿がぼんやりと現れた。

「正兄ちゃんや」

Aさんは手を振った。

正兄ちゃんはまっすぐに前を向いて懸命に自転車を漕いでいる。

ところが何か不自然だ。

自転車のライト特有の、ちらちらと忙しなく左右に揺れて見えるはずの小さな白い光が見えないのである。

それなのに何故か、真っ暗な中に自転車に乗った正兄ちゃんがぼんやりと浮かび上がって見える。

不思議に思い目を凝らすと、オレンジ色に光る提灯のような物が、付かず離れず正兄さんの少し上を後ろから付いてきているのが分かった。

オレンジ色のそれは、人の頭ほどもある鬼灯の実のようにも見えた。

どうやらその明かりのおかげで正兄ちゃんは用水路にも田んぼにも落ちることなく帰ってこられたようだ。

提灯の付いた棒を背中に結わえ付けているのだろうか。

しかし道を照らすのであれば自分の前方に据えるのが自然である。

もしかしたらあれが火の玉というものではないのか。

そう考えた途端、足が震えたという。

正兄ちゃんが村に到着して家に飛び込んだときには、オレンジ色の光はいつの間にか消え去っていた。

伯母さんは、正兄ちゃんの帰宅に合わせるように息を引き取ったそうだ。

「正彦が帰ってくるのを待っていたんやな」

皆は正兄ちゃんが母親の死に目に会えて良かったと言いあった。

あの火の玉は伯母ちゃんの魂で、きっと正兄ちゃんを迎えに行ったんや。

Aさんは子供心にそう確信したという。

後日、親戚が寄った席で正兄ちゃんがこんな話をしていた。

先輩の貸してくれた自転車はもとよりオンボロだったから、ライトも点いたり消えたりと頼りないものだった。

街中を走っているときは気にもならなかったが、農道に入ってすぐに全く点灯しなくなったことで、真っ暗な中に放り出されたようになった。

暗闇が怖かったからではなく、とにかく少しでも早く家に帰りたいという思いで、

「誰か、助けてくれ」

そう声に出したのだという。

すると何故か道がぼんやりと明るくなった。

だからあの真っ暗な中を帰ってこられたのだと。

Aさんはやっぱりと思い、

「正兄ちゃんの後ろをオレンジ色の火の玉が飛んでいるのを見た」と言った。

しかし大人達は取り合わず「寝ぼけていたんか」と笑い、
正兄ちゃんまでもが「まさか」と首を傾げる。

「火の玉は青白いもんと相場が決まってるんや」と他の誰かが言った。


Aさんは今から数年前にもう一度オレンジ色の火の玉を見ている。

Aさんの中ではいつまでも正兄ちゃんだったが、正彦さんはもう総合病院のベッドに臥す高

齢男性となっていた。

癌を患い闘病を続けていたが、半月ほど前に緩和病棟に移ったのだった。

Aさんは今生の別れのような心境で見舞いに行ったのだという。

個室の引き戸を開けると、部屋全体がオレンジ色の光で満たされているのが見えた。

「あっ」

——同じ色だ。

Aさんはすぐに伯母さんが亡くなった夜のことを思い出した。

天井近くに浮かんだオレンジ色の火の玉は、やはり人の頭ほどもある鬼灯のように見えた。

そしてそれは、ふわりふわりと二、三度ゆっくりと上下したかと思うと、Aさんの開けた扉からすっと出ていったのだった。

何本かのチューブに繋がれた正彦さんはもう話すことができなかった。

「伯母ちゃんが（迎えに）来てたんか」

Aさんは言った。

正彦さんが少し微笑んだように見えた。

正彦さんはその夜、病院から連絡を受けて集まった妻や娘、息子、孫達に見守られ、眠るように息を引き取ったという。

# 母猿

ひびきはじめ

子供だった頃、H子さんにはBさんという苦手な親戚がいた。

Bさんは母の長姉の夫で、H子さんにとっては義理の伯父という間柄になる。

他の大人達は彼のことを決して悪人ではないと言うが、子供の目から見ても横柄で乱暴なところがあり、酒が入るとそうした振る舞いは顕著となった。

親戚が集まり食事をするときに、手伝いをするH子さんの腕を引っ張り、無理矢理自分の膝の上に座らせるといったことも度々あったそうだ。

母方のいとこは五人いたが、女の子はH子さんだけだった。


ある年の春のこと。

H子さんの大好きだった祖父が他界した。

葬儀の後も近い親戚が山間にある祖父母の家に集まり、七日ごとに法要が行われる。

ある日の法要が一段落したとき、祖母が、最近裏の畑に猿がやってきて作物を食い荒らして困っているという話をした。

「山に食べる物がなくなってきたのかもしれん」

駆除はできないから、市から配布される爆竹を鳴らして追い払うしか手がないのだと。

すると案の定、

「そんなもん、どついたったらええんや」

と、酒の入ったBさんが威勢のいいことを言い始めた。

H子さんは、すばしっこい野生の猿をどうやってどつくんや、と思ったという。

そうこうしていると、開け放った縁側から見える畑の奥に、実際に山から数匹の猿が下りてくるのが見えた。

「ほらね、最近は人気《ひとけ》のある昼間にも堂々と下りてきよる」

祖母は半ば諦めの口調だ。

地方の市とはいえ山間でない限り野生の猿を見る機会はそうあるものでもない。

親戚達はそろりと縁側に寄って猿を見ていたという。

人間を恐れなくなっている猿は、こちらを警戒しながらもどんどん近づいてきて、遂には十五メートルほど近くまで来た。

ときには民家に入って冷蔵庫をあさったり、何か気に食わないことがあると屋根の瓦を捲って暴れたりするのだそうだ。

「こうしたったらええんや」

猿を驚かせて追っ払い、かっこいいところを見せたかったのだろう。

突然Bさんが縁側から飛び降りて地面にある石を拾ったかと思うと、アンダースローで猿の集団に向けてそれを投げつけたのだった。

小ぶりのミカンほどしかない大きさの石が、ものすごいスピードで飛んでいくのが見えた。

石に驚いた猿達は早々に退散するだろう、そう思った瞬間だった。

ぎぁー。

生き物を生きたまま引き裂いたような叫び声が畑中に響いた。

誰もが本当に石が猿に当たってしまったことを確信し、声にならない悲鳴を上げた。

一匹の猿がものすごい形相でBさんに向かって吠えている。

しかし石はその猿にではなく、お腹に抱きついていた子猿に当たったのだった。

子猿の頭の部分が、握り潰したトマトみたいに見えた。

子猿は自分で母猿のお腹にしがみつく力もないようで、だらりとしたその身体を母猿が片腕で抱き上げている。

あと一秒、いや、〇・五秒、猿の親子がその場所を通るのが早くか遅くかであれば、こんなことにはならなかっただろうに。

H子さんは子供ながらに猿の親子の不運に胸を痛めた。

きっと子猿は死んだだろうと思った。

たとえ今は息があってもすぐに死ぬだろうと。

猿達は慌てて山に戻っていった。

全ての猿が時々振り返ってBさんを睨み付けているように見えたという。

夏になって、祖母の家の裏で身内が寄ってバーベキューをすることになった。

その夜はみんなで泊まることになっている。

猿の一件は、親戚内ではタブーとなっており、猿の被害がなくなったのか、変わらないのか、誰も猿のことを話題にすることはなかった。

H子さんら子供達は座敷で雑魚寝をすることになった。

大人達はそれぞれ適当な部屋に分かれて寝たが、既に酔っていたBさんは子供達の寝る座敷でいびきを掻いていた。


真夜中のこと。

H子さんは不意に目を覚ました。

音が聞こえたり何者かに身体を触られたりしたのではない。

突然、山の腐葉土のような饐《す》えた匂いと獣の匂い、それに動物の糞のようなものが混ざり合ったような強烈な匂いがしたのだった。

思わず顔を顰めて顔を擦ったとき、Bさんのいびきに意識が向いた。

相変わらずだと思ったが、少し様子が違う。

ううっ、ううっ。

いびきというよりも呻き声だった。

何か変だ。横になったままBさんのほうを見ると、仰向けに寝ているBさんの胸の上に何かがいる。H子さんは驚いて目を凝らした。

薄暗い豆電球の明かりの下に見えたのは、一匹の猿だった。

遂に猿が人の寝ている家の中にまで入ってきたのかとぎょっとした。

しかしすぐに、あの母猿が子猿の仕返しに来たに違いない、と思いなおしたという。

誰かを呼んだほうがいいだろう。

とりあえず隣に寝ている従弟を起こそうとしたが、そのときになって声も出なければ身体もピクリとも動かせなくなっていることに気付いた。

改めて母猿を見ると、その身体が半分透けて、その向こうにある仏壇がうっすらと見えている。

……助けて。……誰か起きて。

ぜいぜいと空気ばかりが喉を揺らす。

母猿は随分と痩せ細っていて、まるで猿の骨格標本に皮を被せたようだった。

その木の枝のような腕の先が、Bさんの胸に突き刺さっている。

そしてBさんは苦しそうに呻いている。

母猿はなおもぐりぐりと腕を深くまで挿し込もうとしているようだった。

Bさんの胸から血が出ていたのかどうかは分からない。

母猿は遂に肘の辺りまで腕を挿し込んだ。

「あかんっ」

渾身の力を振り絞ってH子さんは遂に声を出した。

すると母猿はその声に反応したかのように、一度だけH子さんのほうを見た。

そして何か言いたげな顔をしたかと思うと、音もなく消えたという。


それから何日も経たずに、Bさんが仕事中に交通事故に遭った。

軽トラックを運転していて、複数の車が絡む事故に巻き込まれたのだった。

事故現場は、祖母の家のある集落と尾根続きの山間に敷かれた二車線道路で、時折猿の姿も目撃される道路でもあった。

事故の規模はそれほど大きなものではなかったが、軽トラックの運転席の損傷が激しく、もろに身体を挟まれたBさんだけが亡くなってしまったのだった。

事故の原因としてはBさんに非はなく、むしろ巻き込まれた被害者とのことであったが、胸を酷く損傷して亡くなったということを聞いて、H子さんは複雑な思いを抱いたという。

時を同じくして、かねて依頼を受けていた市の鳥獣害対策課が、猿の調査のために祖母の家のある集落の山に入った。

太い老木の下に、骨になった子猿を抱いた母猿の死骸が一体見つかったそうだ。

# 橋の上

ホームタウン

五十代になる美絵子さんが、今から三年ほど前に体験したお話。

美絵子さんが住んでいる街は、四方を川に囲まれているため橋が多い。

自宅から会社までは徒歩通勤で、その間に二つの橋を渡る。

一つは短い橋、もう一つは大きい橋。

大きい橋は長さ二百メートルほどで、歩行者用の道幅も広く、途中に川を眺められる休憩用のベンチが置いてあった。

ある晩その橋を渡っていると、ベンチの辺りで大好きなジャガイモのお味噌汁の匂いがした。

周りを探すが匂いの元は見当たらず、ベンチでは浮浪者が横になっているだけだった。

家に帰ると、リモートワークで仕事をしている旦那さんが夕飯を作っていた。

もしかしてと思い、旦那さんに今日の献立を訊くと「今日は寒かったからシチューにした」と言われた。

橋の上でジャガイモのお味噌汁の口になっていたので、少し残念だった。

それから数日後の帰宅時、その橋を渡っているとまたベンチの辺りで、今度はカレーの匂いがした。

周りを探すが匂いの元は見当たらず、ベンチには相変わらず浮浪者が横になっていた。

家に帰ると、旦那さんが夕飯を作っている。

すっかりカレーの口になっている美絵子さんは旦那さんに今日の献立を訊くのだが、「今日は大根安かったからおでん」と言われた。


それからまた数日後の帰宅時、橋の上のベンチの辺りでハッとした。

すき焼きの匂いがするのだ。

そして毎回、常にしているマスク越しに嗅ぎ取れることに違和感を覚えた。


その晩、警察から電話が掛かってきた。

保育園児のときに生き別れて以来行方知らずだった母親が、孤独死をしていたという連絡だった。


橋の上で嗅いだ、ジャガイモのお味噌汁、カレー、すき焼きは、全て美絵子さんが覚えている母親の手料理だ。

「出ていってから全く会っていなかったので、正直何の感情も湧かなかったんですよ。でも〝挨拶〟に来たんですかね。寂しい人生だったのかな」

亡くなった母親と対面した際、すき焼きの匂いがしたあの日に、いつもベンチで横になっていた浮浪者が立ち上がってじっとこちらを見ていたのを思い出した。

母親だったそうだ。

# ママとジョン

松岡真事

——パズルのピースが、足りていない気がするのです。

私にこの話を聞かせてくれた女性は、最後の最後にそんな言葉を付け足された。

——未完成なジグソーパズルを見て臆測で絵を判断しているから、それが実際何か分からない訳です。ぶっちゃけ、お化けみたいに見える訳です。ピースを探してはめ込んでいけば現実的な絵が見えてくるかも分からないのですが、正直なところ、私はそうやって完成した絵も見たくはありません。


友子さんが小学校の四年生だった頃のこと。

当時、彼女とは少し年の離れた高校生のお姉さんの様子が、目に見えておかしくなったという。

夜もあまり眠れていないようで、常にイライラしており、妄言のようなことを繰り返す。

「友子。知ってる？　お母さんには、お父さん以外の男の人がいるのよ。毎晩毎晩、その男と密会しては愛を確かめ合っているの」

面と向かって両親に言うことはなかったが。お姉さんは事あるごとに、妹である友子さんに対してそんな身内の醜聞じみた妄想をぶちまけてきた。

そのときの形相は、正に怒りの権化といった有様。

「何てことかしら！　私達の実の母親が、よ？　ああ、穢《けが》らわしい。大人の世界って本当に汚れてる。そうは思わない？　ねぇ友子！」

――そんなはずはない。

お母さんは、お父さんと一緒の部屋で毎日仲良く枕を並べて就寝しているはずなのだから。

「お姉ちゃん、それは考え過ぎだよ。テレビの見過ぎじゃない？」

折しも、不倫をテーマにした某小説作品が映画やドラマになって大ヒットしていた時代であった。姉はそれにおかしな影響を受けたのだと、友子さんは子供心に考えていた。

しかし、

「フフ……友子。あんたも、いずれ思い知る日が来るわ。そのとき、せいぜいお母さんに絶望しないことね」

姉は己の考えを微塵《みじん》も疑わず、いつも確信に満ちた顔つきでそんな捨て台詞を吐いた。

――正気が疑われるくらい、まっすぐな視線だったという。

そんなある日のこと。

何が発端となったのかは何故か全く忘れてしまったそうだが。友子さんは突然、「もしかして、お母さんは本当に男の人と不倫してるんじゃないか」という猛烈な不安に、襲われてしまった。

それは正に、火のように激しい感情を煽った。いても立ってもいられなくなった彼女は台所で夕食の用意をしているお母さんの許へ走り、堪らない気持ちのまま後ろから抱きついた。

「お母さんは不倫なんてしてないよね？」「お母さんが好きな男性は、お父さんだけなんだよね？」

泣きながら口走っていた。

当然、驚かれる。

そしてそんな娘の口から事の詳細を聞き、お母さんは二重に驚いたのだった。

「何ですって？　お姉ちゃんがそんなことを……？」

姉の妄言について親に話したのは、これが初めてのこと。

お母さんは、「はぁ」と小さな溜め息を吐き、暫く何やら思案していたが、

「難しい年頃だから、多少おかしいとは思って様子を見ていたけど。そんな変なことを言い出すようだったら、もう放ってはおけないわね」

今夜、お父さんに相談してみましょう。そしてゆくゆくは、お姉ちゃんともじっくり話し合わなきゃ――優しい口調でお母さんは言った。

「お母さん……お母さんは、不倫なんて、しないんだよね。ね？」

「あらあら、当たり前よ。友子も、お姉ちゃんみたいなこと言わないでちょうだい？」

冗談めかして微笑んだお母さんの顔を見て、友子さんは少し安心した。

自分がお母さんに一部始終を告白したおかげで、事態はだんだんと好転していくかもしれない。そう感じたという。

さて結果として。

友子さんの予想は、〝ある意味〟的中した。

「友子、早く御飯食べなー。学校遅れるよ～！」

「うん、分かってるよ、お姉ちゃん」

お姉さんは、それからだんだんと精神の均衡を取り戻していった。

表情からも険が取れ、歳の離れた妹である友子さんの世話も、昔のようにあれこれと焼いてくれるようになったのだ。

きっと、お父さんとお母さんが自分の知らないところでお姉ちゃんとじっくり話し合ったおかげなのだろう。友子さんはそう思っていたのだが、

「ああああ。ジョン、どうしてなの、どうしてママを裏切ったのぉぉ……」

その代償のように、お母さんがおかしくなり始めた。

ジョン、ジョン、と何度も外国人男性のような名前を繰り返し、その都度に泣き崩れる。

気になってお父さんに訊いてみると、「ジョンというのは、多分お母さんが少女時代に飼っていた犬のことだろう」とだけ、力のない声で答えられた。

お父さんとお母さんは学生時代からの付き合いであり、当然お父さんはこのジョンのこともよく知っていた。雑種ではあるが顔立ちが不思議と洋犬のように精悍《せいかん》だったため、横文字の名前がよく似合っていたらしい。賢い犬でもあったが、お母さんが高校三年生の頃に病気で亡くなったという。

「誰かが私からジョンを盗ったんだ、誰だ、私から愛するジョンを横取りしやがったのは誰だ、おおおおおおジョン、ママを捨てないでぇぇ……」

優しく穏やかなお母さんの面影は、もう何処にもなくなっていた。

一日中寝ているかと思えば、時間構わず不意に起床。部屋の隅に縮こまって挙動不審に周囲を見回し、血走った目を剥いて虚空に吠える。

友子さんは、その声を聞くたびに心が切り付けられたように痛み、目からは涙が滲《にじ》んだ。

お父さんも、リビングのテーブルに突っ伏して夜を過ごすことが多くなり、嗜《たしな》む程度だったアルコールの量も増えていった。

「……昔、ジョンが死んだときも、こんなには取り乱さなかったのに……何で今更……なぁ」

心配して声を掛けた友子さんに、お父さんは胡乱な目をしてそう呟いたという。

そんな中。

「さぁ、友子もお父さんも、起きて起きて！　朝ご飯、できてるよっ！」

何故かお姉さんだけが、普通に生活していた。

まともでなくなったお母さんの代わりに料理や掃除をこなし、見よう見まねながら家計まで切り盛りする。二日酔いのお父さんも気丈に叱り飛ばし、毎日絶対に仕事へ送り出した。

今思えば、このときにお姉さんが頑張ってくれたから、我が家が我が家として機能していたのだろうと友子さんは考えている。


その一方。夜中に毎日、お姉さんの部屋が騒がしくなったという。

友達を呼んで騒いでいる、とかいった意味ではない。

一日の家事が一段落すると、お姉さんは妹である友子さんと隣り合った自室の中に籠もり、そこで午前零時くらいまでベッドをギシギシと軋ませ続けるようになったのだ。

それに混じり、くぐもったようなお姉さんの声も聞こえる。だが、何と言っているのかまでは聞き取れない。

最初、友子さんは聞こえないふりをしていた。前述の通り、彼女は何処にでもいる小学四年生ではあったが、漫画や友達とのおませな会話などで　いわゆる「性の知識」は多少、ある。

お姉ちゃんも、お家のことでストレスが溜まってるんだ。それを夜中、一人で発散しているだけなんだ。そう思っていた。

だが。あまりに〝ゾレ〟が激しすぎる。

今にもベッドが壊れてしまいそうな、そんな勢いではないか。

（お姉ちゃん、本当は何してるの？）

ある日。そんな心配を募らせた友子さんは、堪らず廊下に出ていた。

そしてドア越しに「お姉ちゃん大丈夫？　具合悪い？」と声を掛けようとしたところ、

「あああ。凄い、めちゃくちゃいい……」

濡れそぼったような嬌声《きょうせい》が、ドアの向こうから聞こえた。

やだ。やっぱりこれ、邪魔したら悪い奴だ……赤面しながらそう思う。

だがその一方、「誰か男の人を連れ込んでいるんじゃないか」——そんな邪推も反射的に脳裏へ浮かんだ。確認するべきか、やめるべきか、暫し逡巡した。

そのときだった。

「凄いわジョン！　ああ、ジョンー！」

——お姉さんは、お母さんと同じ「ジョン」という名前を——お母さんが少女時代に飼っていたらしい犬の名前を——〝行為〟の最中に連呼し始めたのだ。

……え、どういうこと？

友子さんは何だか聞いてはいけないものを聞いてしまった気がして、慌てて自分の部屋に駆け戻った。そしてベッドの中に潜り込む。

壁の向こうからは、相変わらずギシッ、ギシッという軋み音。

と。その中に、

〝ハッ、ハッ、ハッ、ハッ、ハッ……〟

〝ギャウゥウゥウン……〟

――どう聞いても、犬の鳴き声にしか思えないようなものが混ざり始めた。

今までこんな声、聞こえたことなんてなかったのに。

いや。ちょっと待て？　壁の向こうから聞こえるお姉さんの声は、相変わらずくぐもっていて内容を聞き取れない。それなのに、何でこの壁越しの犬の声はこんなに明瞭に耳に入ってくるのだろう？

おかしい。こんな聞こえ方、するはずがないのだ。

（――これ、幽霊犬だ）

友子さんはそう直感し、いや増しに震え上がった。

この世のモノでない動物が、壁の向こうで姉と盛り合っている。そうとしか思えない。

（ジョンは、幽霊犬になって戻ってきたんだ。お姉ちゃんの口からジョンの名前を聞いてしまったから、私にもジョンの声が聞こえるようになったのかも……？）

臆測が勝手な物語を形作り、頭の中で自らの異様な体験を合理化すべく肥大化していく。

――それから毎晩、友子さんは自室の壁の向こうに、姉のベッドの激しい軋みと、それに被さる犬の声を聞くようになった。

かてて加えて、時にはそれにお母さんの叫び声が重なることもあった。その折は正に地獄で責め苦を受けているような気分で、掛け布団を頭から引っ被って震えたという。

幾度も幾度も考える。

お姉ちゃんが留守のとき。こっそり部屋に入ってみようか。

もしかしてもしかすると、本当にお姉ちゃんは部屋の中で犬を飼っているのかもしれない。

ドアを開けると部屋の中は獣くさい匂いで充満していて。件の犬はベッドの上に陣取って友子さんを見つめ、ハッハッハッと荒い息を吐きながら舌を出すのではあるまいか。

そんな光景を見れば、ある意味で〝安心〟ができる。ああ、穢らわしいことではあるが、現実にお姉ちゃんの部屋には生きた犬がいたんだ、と〝納得〟することができる。

しかし。

それを確認する勇気が、友子さんにはなかった。

もし、お姉ちゃんの部屋の中にいるのが生きた犬ではなく、

――幽霊犬のジョンであったなら。

(中を覗いた私に　付いてくるかもしれない――)

何よりも、それが恐ろしかった。

自分に取り憑いたジョンは、お姉ちゃんと同じことを――自分にもするのだろうか。

それだけはイヤだ。絶対にイヤだ！

（何も、考えないようにしよう。何も。……何も）

しかし、それは難しかった。

友子さんは遂に、お姉さんに近づくことすらできなくなってしまったのだ。

悩み過ぎと家庭環境の悪化に由来するノイローゼのせいなのかもしれないが。お姉さんの身体から、むせ返るような獣の匂いを感じ始めた。

それどころか、お姉さんが作ってくれた料理からも強い獣臭を嗅ぎ取ってしまうようになった。吐き気を堪えながらも、それを気取られぬよう必死に姉の手料理を平らげ、その直後、トイレに行って戻していた。嘔吐という行為がこれほど体力を消耗するものだとは、それまで全く知らなかった。まともに食べることができたのは学校の給食くらいで、目に見えて体重も落ちていったのだった。

「……？　友子。あんた、最近何かおかしくない？　どうしたのよ、悩みとかあるなら、言ってみ？」

「えっ。いや。何でもないよ。お姉ちゃん……」

――何で、お姉ちゃんはそんなに普通に振る舞えるのよ！

――おかしいよ、おかしいのは、お姉ちゃんのほうだよ！

――私、もう、爆発しちゃいそうだよッ！

友子さんを悩ます夜の騒音は、お母さんがおかしくなり始めた頃から一月ほど毎晩続き――

そして、不思議なほどパッタリ止んだ。

それと全く同時に、お母さんが家から消えた。

『ジョンを探してきます』

それだけが書かれた、置き手紙を残して。

＊

結論から言おう。

お母さんは、今でも家に帰ってきていない。

全く消息を絶ってしまった。


本当に、それから色々なことがあったという。今となっては思い出したくないことが多かったと友子さんは語るが、幸いだったのはお父さんが心折れなかったことだ。

常識的に考えて、家長の自暴自棄に拍車が掛かって〝家庭崩壊〟となってもおかしくない事態ではあった。そんな苦境の中、お父さんは「自分がしっかりしないと二人の娘はどうなる」と奮起し、ガムシャラに働いた。休みの日には友子さんとお姉さんを連れてドライブにも行ったりして、子供達のメンタルにも気を遣ってくれているようだった。

お姉さんは、相変わらず家事に学業に、夜遅くまで励んでくれた。友子さんもそんな姉に及ばずながら、家事の手伝いをするようになった。もうノイローゼじみた拒否反応は消え去っており、「頑張っているお姉ちゃんとお父さんを支えたい」と心から望むようになっていた。

「お？　友子の作る卵焼きも、なかなかサマになってきたじゃん」

「ううん。お姉ちゃんが教えてくれたおかげだよ！」

「えーっ、嬉しいこと言ってくれるねぇ。でも、褒めたって何も出ないよ～ん！」

「やだぁ、お姉ちゃん。あはははははは……！」


――月日は巡り。

「ねぇ、お姉ちゃん」

友子さんが中学校に入学するくらいのとき。

何かの拍子に、姉に訊ねてみたことがあった。

「変なこと言うようだけど、怒らないで聞いてくれる？　あのさぁ、前、お姉ちゃんが言ってたでしょ。〝お母さんには浮気相手の男の人がいる〟ってさぁ。あれ、具体的にどういうことだったの？　何か根拠みたいなのがあった訳？」

するとそのとき既に社会人だったお姉さんはニッコリと朗らかな笑顔を零し、

「あっはっは！　何だ何だ友子ぉ。——そういうの、早く忘れな？　ジョンのママは、もうお母さんじゃないんだからな」

そう言ってすぐに冷ややかな表情を呈し、そっぽを向いたという。

# 三〇四七グラム

松本エムザ

「お願いだから、人間ドックを受けてちょうだい」

隆司さんの携帯電話に残されていた、母親からの何件ものメッセージ。

珍しいこともあるものだ。実家の母親は、滅多なことでは連絡をしてこない。なのに、いきなりどうしたというのか。

折り返し電話を入れると、

「簡単な健康診断とかじゃなくて、とにかく一度じっくり調べてもらって」

と、真剣な口調で繰り返す。

何故いきなりそんなことを。誰かからの受け売りか？　テレビの健康番組でも見て影響を受けたのか？　と訊ねても、

「何もなかったら、それはそれで安心なんだから」

そう言って、詳しい理由を話そうとはしない。

しかし、結婚三年目を迎え、そろそろ子供をとも夫婦で考えていたので、いい機会だと隆司さんは人間ドックの受診を決めた。

結果、内臓に癌が見つかった。

極めて初期の段階であったため、幸運にも手術によって完治することができた。

「どうして分かったの？　やっぱり母親の勘って奴？」

術後、母親に訊ねると、

「お父さんは『そんな訳あるか』って、信じてくれなかったんだけれどね」

と、こんな話を打ち明けた。

「クマちゃんがね、重くなったのよ」

実家のリビングに飾られている、一匹のクマのぬいぐるみ。

それは、三年前の隆司さんの結婚披露宴で両親に贈られた、記念のぬいぐるみであった。新郎新婦それぞれの出生時の体重でオーダーメイドされた、ウェイトベアと呼ばれるそのぬいぐるみが、「ある日を境に、突然重くなった」のだと母親は言う。

「湿気とかで、重量が増えたんじゃないの？」

三〇四七グラムで作製した、隆司さんのウェイトベア。あれから既に三年の月日が経っている。多少の変動があってもおかしくないだろう。だが母親は、

「質量の問題じゃないの。何かこうズーンって内側から重くなったのよ」

病気が早期に見つかったのは自分の手柄だとばかりに、自慢げに語ってくる。

ぬいぐるみが重く感じられたのは、負の氣が宿っていたからだ。息子の身に何か良くないことが起きるのではないか。内側から滲んでくるような重い氣だから、怪我や事故よりも悪い病

気のほうが心配だ。だから人間ドックを薦めたのだと。

母親の力説を、隆司さんは苦笑いで聞いていた。すると、

「手術が終わったらね、また前のクマちゃんの重さに戻ったのよ。それはどう説明するつもりよ」

母親は若干キレ気味になり、しまいには、

「信じてくれないなら、また重くなってももう教えてあげないから」

と、すっかり拗《す》ねてしまったという。

父親からの報告によると、ぬいぐるみを抱っこして重さを確認する母親の毎朝の日課は、初孫を迎えるまで休みなく続いたそうである。

# 母は何故

松本エムザ

歩美《あゆみ》さんの記憶の中に、笑顔を見せる母親はいない。

非常に厳格な女性だったという。物心が付いた頃から、歩美さんは母親から、挨拶、言葉遣い、姿勢に所作、あらゆる礼儀作法について厳しく躾《しつ》けられてきた。

留守がちな父親はほぼ愛人宅で過ごしていたが、そこで三人の子供を儲け、何処から見てもごく円満な家庭を築いていたと後に知った。

自宅で和裁の仕事を請け負っていた歩美さんの母親は、叱責のたびに竹製の物差し＝竹尺を使用した。一メートル弱の長さがあったとのことなので、恐らく和裁で用いる鯨尺二尺の竹尺であろう。

成績が悪いと言っては頭を、姿勢が悪いと言っては背中を、竹尺をしならせてピシリと日常的に叩いてくる。服の上からならまだしも、字が汚い、箸の持ち方がなっていないと、腕や手の甲でそれをやられ、肌が焼かれるような痛みに見舞われる。反抗すれば倍になって仕置が返ってくることを恐れ、歩美さんは戦々恐々として少女時代を過ごした。

その反動か、年頃になった歩美さんはさっさと家を飛び出し、母親とは疎遠となった。

二十代で母親を亡くした際には、哀しみよりも、

――本当に、笑わない人だったなぁ。

と、硬い表情の遺影を見て再認識するだけだった。

その後結婚をした歩美さんが、御主人と新生活を始めた折のことだ。

ダブルのベッドで、夫婦ともに深く寝入っていたある晩。

――ピシッ。

記憶の底に刻まれていた音が耳に届き、目を覚ました歩美さんは思わず身を竦めた。

忘れもしない、肌を強く打つ、竹尺の乾いた音。

「痛え《いて》」

だが、歩美さんの目覚めと同時に、痛みを訴える声を上げたのは、隣に眠っていた御主人のほうだった。

「何すんだよ」

顔を顰め、手の甲を抑えながら睨んでくる御主人。寝ている彼の手を打ったのが、歩美さんだと思っているのだろう。

私じゃない。並んで寝ていた側の手ならまだしも、身体の向こうにある反対側の手を、わざわざ叩く理由も方法もない。一体、どうやったというのだ。

歩美さんの反論に、

「長い物差しかなんかでやったんだろ」

と、御主人は妻の仕業だと信じて疑わない。

確かに御主人の手の甲には、かつて歩美さんが母親から仕置を受けた際のそれに似た、赤く腫れた痕が残されていた。

だが、新居に長い物差しなどない。あんなもの、見るのも嫌なのに。

歩美さんの言葉も思いも、御主人には届かなかった。

結婚生活は、僅か二年で終わりを告げた。

手の甲殴打事件ではなく、御主人の不倫が理由であった。歩美さんと結婚後も、昔の女とずっと縁が切れていなかったことが明るみに出たのだ。

あの夜、彼の手を打ったのが、夫の不貞を知った亡き母だったとしたら――。

決して近づくことはないと思っていた母親との距離が、ほんの少し縮まった気がしたと、歩美さんは語った。

# 流れる川

松本エムザ

近所で評判の産院の近くには、小さな川が流れていた。

川沿いの遊歩道には季節の花が咲き、通行人の目を楽しませてくれる。

その日、真理さんは二回目の妊婦検診のために、産院へと向かっていた。お腹に宿った新しい命が、健やかに育ってくれていることを祈って。

道行く先の川端に、蹲る人影があった。白髪の高齢女性。丸めた身体を前後に揺らしながら、川面を独り見つめている。

思い付いたのは「徘徊」の二文字だ。

帰り道が分からなくなり、自宅に辿り着けずに困っているのかも。

「こんにちは」

見過ごすことができず、声を掛けた。振り向いた老婆は穏やかな笑みを浮かべてはいるものの、白く濁った両目が、真理さんを酷く不安にさせた。

一人でここまで歩いてきたのだろうか。この目では、碌に見えていないのでは?

「大丈夫ですか?」

お腹の膨らみを気にするのは、まだ先のことだった。躊躇《ちゅうちょ》なく真理さんはその場にしゃがみ、

老婆と視線を合わせた。すると、

「飴ちゃん、あげよか？」

しわがれた声で、老婆は真理さんにそう訊ねてくる。

「あ、いえ大丈夫です」

特に動揺している様子もないことに真理さんは安堵したが、食べ物の提供に関しては反射的に断った。だが、

「飴ちゃん、あげよね」

真理さんの返答が聞こえていなかったのか、老婆は真理さんの手を取ると無理矢理〝何か〟を握らせてきた。

握らされた〝何か〟の感触は、飴の包装とは全く異なっている。剥き出しなのか？　いやそれより以前に、これは本当に飴なのか？

拳を開いて確かめたいのに、老婆は高齢者とは思えない力で真理さんの手を包み込んで離さない。そのとき、

「真理ちゃん？」

名前を呼ばれて振り返る。

「お義姉さん」

真理さんに声を掛けたのは、大きなお腹を抱えた、近所に住む義理の姉だった。数カ月後に

第二子の出産を控えていた彼女は、真理さんと同じ産院に通っていた。偶然にも、同日の健診日だった様子だ。

「え？」

ふと、掴まれていた手が自由になった。

気が付くと、目の前から老婆の姿が消えている。

「あれ？　嘘、何で？　どうして？」

「大丈夫？　気分でも悪い？」

何が起きたのか分からず戸惑う真理さんを、義姉は心配そうに見下ろしてくる。

「違うんです。今、ここに」

真理さんは、老婆がいたはずの証拠が、自分の手の中に残されていることを思い出した。汗ばんだ拳を広げると、そこには――。

「きゃあっ」

老婆に握らされた〝何か〟を目の当たりにした瞬間、真理さんはそれを手のひらから振り落とした。

飴などではなかった。小指の頭大ほどのそれは、潰れた虫の蛹のような、腐った木っ端のような、茶色く干からびた〝何か〟。

「……真理ちゃん、今のって」

続いた義姉の発言に、真理さんは耳を疑った。

「赤ちゃんの〝へその緒〟だよね？　誰の赤ちゃんの？　何でそんなものを持っていたの？　どうして捨てちゃったの？」

矢継ぎ早に質問されても、真理さんはただ「分からない」と首を振ることしかできなかった。

「何で」も「どうして」も、真理さんのほうが口にしたい言葉だった。

振り払った何かは川に落ちたのか、周囲の地面には見当たらない。

あれは誰かのへその緒なんかじゃない。義姉が見間違えただけに決まっている。

真理さんは必死にそう思い込もうとしたが、

「やっぱりあれは、へその緒だったんだ」

彼女がそう考えるに至ったのは、それから数年の歳月を経てからだった。

待望の第一子を出産し、新生児のお世話に奮闘していたある日、我が子のお腹からぽろりと取れたへその緒。その形状、色合い、質感全てが、あの日老婆に「飴ちゃん」だと言われて握らされたものと酷似していた。

真理さんが第一子を迎えるまでに、数年掛かったのには理由があった。

初めてお腹に宿った子は、老婆と出会った後の健診で心拍が確認されず、その後流産と診断された。

老婆との一連の出来事は、この流産を予言していたものではないのか。若しくはあの老婆こそが招き寄せた悲劇だったとしたら――。

十数年経った現在でも、記憶に焼き付いた老婆の白濁した目と、冷たく乾いた手の感触を思い出すたびに、真理さんはそんな思考から離れられなくなるのだという。

# 医者と政治家

松本エムザ

ミツコさんは生後僅か半年で重度の肺炎に罹患し、生死の境を彷徨ったという。

勿論本人に当時の記憶はない。奇跡的に回復し、その後すくすくと育ったミツコさんが成人した際に、乳幼児期の思い出として母親が伝えた話であった。

ミツコさんが結婚し、初めてのお子さんの妊娠・出産のために里帰りをした折には、母親の克子《カツコ》さんは更に詳しく、彼女の大病に纏わる出来事についてを明かした。その不可思議な内容を、以下に綴る。

事の発端は、ミツコさんの出生時に遡る。

克子さんは妊娠時より、産まれてくる我が子のために幾つかの名前の候補を御主人と考えていた。無事出産を終え、お子さんが女の子だと分かると、女児の名前で挙げていた候補の中から「ミツコ」を選んだ。ここでは敢えて片仮名で表記しているが、姓名判断で考え抜いた漢字を当てた命名だった。

当時克子さんは姑と同居しており、夫婦で決めた名前について姑に報告をした。

「いい名前ね」

予想に反して上機嫌の姑に、克子さんは拍子抜けしたという。克子さんは三年前に長女を出産しており、姑からは「次は是が非でも男の子を」と期待されていた。二人目も女児だと知ったときには露骨に嫌な顔をしていたのに、気が変わったのだろうか。

だが、いざ出生届を提出する段になると、

「克子さん、調べてもらったんだけれどね。『ミツコ』の字は、貴方達が考えたものだと縁起が悪いそうよ」

漢字を変えたほうがいい、いや絶対変えるべきだと、姑は克子さんと御主人の命名に口を挟んできた。提出期限にはまだ多少時間があったので、

「検討させていただきますね」

と、決定は保留にして、取り急ぎ克子さんは実母に相談の電話を入れた。姑がやけに一つの「ミツコ」の漢字表記を推してくるのが気になったからだ。

「お義母さんが薦めている漢字は、使わないほうがいいと思うわ」

克子さんの実母はかねて占いに深い関心を持っており、克子さんが参考にした姓名判断も、実母から知恵を借りて決めたものだった。その彼女がやめておけと言うのだから、やはり使いたくない。

「すみません。自分達で考えた漢字に思い入れがあるので、変更はしませんでした」

さっさと届け出を済ませ事後報告をした際の、姑の苦虫を噛みつぶしたような顔は忘れ難く、克子さんの心にしこりを残した。

命名騒動もひとまず落ち着き、新生児の娘の育児に、克子さんが日々励んでいたところ、前述通りミツコさんは風邪をこじらせて、肺炎を起こし入院する事態となった。

激しい咳と嘔吐を繰り返し、日に日に衰弱していく娘の姿に、連日泊まり込みで看病をしていた克子さんは「できるなら代わってあげたい」と心から祈った。しかし願いも虚しく、ミツコさんの病状は悪化の一途を辿り、遂に担当医師から、「覚悟をしておいてください」と、告げられてしまった。

ショックを受けた克子さんは、病室でさめざめと涙した。泣き疲れて顔を上げると、ふとベッドに吊るしていたお守りの束が視界に入った。

「何か、悪い予感がしたのよ」

克子さんは、当時をそう振り返ったという。

お守りは姑が病床の孫娘のために、近隣の神社仏閣を回って購入してきたものだと聞いていた。重なった状態で吊られた幾つものお守り。その中の一つに、克子さんは小さな違和感を覚えた。「病気平癒」と書かれたごく一般的なお守りだったが、他のお守りより若干厚みがあるように思える。

中に、何が？

抑えきれない胸騒ぎに、克子さんはお守りの袋の紐を緩め、中を覗いた。

エアメール用の便せんに似た薄い紙が、袋の中に小さく折り畳まれている。震える指先で引

き出し、広げてみると——、

「ミツコ」の名前が、一面に隙間なく書き連ねられていた。しかしそれは、本来の「ミツコ」の漢字ではなく、姑が強く望んでいた漢字で表記された「ミツコ」であった。更に名前の羅列の下には、八角形の図形と解読不明の崩し文字が、薄墨で書かれているのが見て取れる。

克子さんにはそれが、姑が孫娘の回復を願って書いた代物だとは、どうしても思えなかった。拭いきれない悪意を感じた。

二人目も女児だと知ったとき、姑は「三人目こそ男の子を」と克子さんに言い放った。無神経な姑の言い分に腹が立った克子さんは、

「いえ、子供は二人と決めていますから」

と、異を唱えた。

ミツコの病はきっとこれが原因だ。あの子が亡くなれば、もう一人子供を作るだろう。そう姑は画策しているんだ。

姑の兄は長年政治の世界に身を置いていた。懇意の占い師がおり、「選挙や政治活動の場で大いに力になってもらっている、非常に力のある方」だと、姑はよく自慢げに話していた。

書き連ねられた名前と、この奇妙な図形や判読不可な文字こそ、姑が次女を亡き者にするために、占い師の力を借りた証拠ではないのか。

そう考えるに至った克子さんは「何とかしなくては」と、すぐに実母に連絡を取り、泣きな

がら詳細を伝えた。「実物が見たい」と、すぐに病院に駆けつけてくれた実母は、

「これはお母さんが預かるわ。大丈夫、絶対に大丈夫だからね」

「大丈夫」を繰り返し、問題の紙片をハンカチに包み持ち帰ってくれた。

数日後、ミツコさんは奇跡的に回復し、順調に体力を取り戻した。一月後には無事に退院し、自宅に戻ることもできた。

その僅か半月後だ。

姑が脳梗塞で他界したのは。

「あのとき、お守りに入っていた紙は、先生が処分してくれたのよ。しっかりと手順を踏んでね」

実母が先生と称したのは、彼女が尊敬し師事していた占い師であった。姑が固執していた「ミツコ」の表記が厄難を招くと助言してくれたのも、この占い師であった。

「とっても偉い先生なのよ。全て先生のお力のおかげよ」

実母の実家は代々医業を営んでいた。その実家が懇意にしていたのが件の占い師だ。

先生が適切な処置をしてくれたから、ミツコは一命を取り留めることができたのだと、実母は断言したそうだ。

「じゃあ、政治家のお抱え占い師と、医者のお抱え占い師との対決で、医者側が勝ったってこと？」

ミツコさんの問いに、克子さんは薄く笑うだけだった。

結果、姑は亡くなり、更にミツコさんの父親も姑の死後すぐに、九分九厘の成功率と言われていた手術が失敗し他界した。

この点に関しても、占い師が行った適切な処置とやらが関係していたのか否かを訊ねるのは憚《はばか》られたと、ミツコさんはいう。

自分の命と、父親の命が引き換えになったとは考えたくなかったからだ。

ミツコさんは、御自身の第一子には、姓名判断にはこだわらずに、思いを込めた名前を授けたそうである。

# 帰路

三雲 央

義孝さんの話。


午後十一時過ぎ。歩いて十数分程のコンビニで買い物を済ませ、ぷらぷらと家に向かっているると、進む先の路上にぽつんと一つ人影が立っている。

最寄り駅から徒歩二十分ばかり掛かる活気のないこの住宅街で、こんな時刻に人とすれ違う機会は存外に少ない。

僅かばかりに警戒しながら近づいてみると、果たしてそれは同居している母だった。

今のこの時間、母は入浴中のはず。つい数十分前、母が浴室へ向かうところを見届けてから家を出たのだから。

着古しの灰色のフランネルシャツにベージュのスカートという見慣れた格好。年の瀬も迫りつつある肌寒い夜なのに、上着を羽織っていない。

「何やってんだよ、そんな薄着で！　風邪引いちまうぞ」

八十を越え耳が遠くなるばかりか、近頃は軽い認知症のような症状も出始めている。こんな様に微妙にそぐわない姿で外を出歩くみたいなことも、今回が初めてではない。したがって近頃は母に向ける言葉は荒い。

「甘いものが飲みたくなってねえ」

義孝さんの声などまるで耳に届いていない様子で、母はのんびりとした口調でそんなことを呟き、道路脇に設置されてあるジュースの自販機へとのらくら向かおうとする。

「飲み物なら俺が今コンビニに行って買ってきたから！　りんごジュースとか紅茶の甘ったるいのとか。ほら、これ好きな奴だろ？」

コンビニ袋からペットボトル入りの紅茶を取り出して見せると、母は顔を綻ばせて喜びそれをつかみ取った。

まるで子供のような反応だが、傍に立つ自販機が放つ強い明かりに照らし出されたそんな母の容姿は、無数に寄った皺や痩《こ》けた頬骨が一層に際立ち、贔屓目《ひいきめ》に言っても年相応だった。

「飲むのは家に帰ってからにしなよ。こんなとこにいつまでも立っていたら、本当に身体壊しちゃうから」

幾分語気を弱めてそう言うと、義孝さんは母を引率するようにゆっくりと家に向かい始めた。

時折ちらりと後ろを振り返り、歩調を合わせたり母がしっかり後ろを付いてこられているかの確認も怠らない。

共に口を開かずそのまま数分歩き続けていると、母はおもむろにこんなことを口にした。

「義孝、あんた足を捻挫してここでわんわん泣いていたこと、あったわよね」

そんな言葉に義孝さんは足を止めて、母のほうを振り返る。すると母は一軒の大きな家の前で立ち止まっていた。

「この家が建つ前、ここ更地の広場があったでしょ？」

そこまで言われて、母が何の話をしているのか義孝さんも理解《わか》ってきた。

かつてこの場には小さな広場が存在していた。そして義孝さんはその広場で遊んでいる最中に足を挫《くじ》き、大泣きしたことがあった。

それは確か広場の隅に積まれた十数個のブロックの上に乗ったり飛び降りたりを繰り返す、ヒーローごっこみたいな遊びに熱中していた義孝さんがまだ五、六歳の頃のことである。

そんな幼少の出来事のことなど今の今まで完全に忘れていた。

つい数日前にあった出来事は簡単に忘れてしまうのに、こんな大昔のことはしっかりと記憶している。それも骨折などという大きな怪我でもない、僅かに足を挫いただけの些細なことを。

母にとってそんなに印象的な出来事だったのだろうか？

それともうちの母に限らず、世間の親というものは我が子が涙した出来事となると、このような小さなこともしっかりと記憶に留めておけるものなのであろうか？

四十歳を超えた時点で結婚を諦め、子供を育てた経験のない義孝さんには、そんな子を持つ親の気持ちも、またそれに伴う記憶云々についても、正直、理解が及ばない。

そんな広場を潰して建てられた家は、改めて観察して見るとかなり草臥《くたび》れていた。

思えばそれも当然で、この家が建てられたのはもう三十数年以上も前のこと。ずっとこうして身近に存在し続けていたのに、全く気に留めることもなく、いつの間にかこんなにも年月が流れてしまっていたのだ。

そこからの帰路は一切の会話がないままだった。

――あの家に限った話ではなく、関心を持たなかったり、或いは少なからず意識を向ける気持ちがなければ、それがたとえ常に傍にあるものであったとしても、そこに起こる変化に気付くことはない。

そんなことを思いながら歩を進めるうち、ようやく前方に我が家が見えてくる。

と、そんなタイミングで唐突に後方でごとりと音がした。

振り返って見ると母の姿は何処にもなく、路上には音の正体と思しき、母に手渡した紅茶のペットボトルだけが転がり落ちていた。

ふと胸騒ぎを覚え家に駆け込み浴室を覗いて見ると、全裸の母が浴槽に半身浸かった格好で昏倒していた。

すぐに救急車を呼び病院に運んだが、その後、間もなく死亡が確認されたという。

十年以上前に亡くなった父と同じ、心不全による死だった。

# 瞼の母

渡部正和

「あんまり、他人に話すことじゃないんですけど……」

佳代さんは母親の顔を知らない。

勿論、遺影の中でにっこりと微笑む優しそうな顔は見たことがあるが、生前の記憶が一切ない。

父親からは、彼女が物心付く前に病気で亡くなったとしか聞いていない。

「だから、私にとって母親は最初から存在しない、としか思えなかったんです」

当時、佳代さんは父親と祖母の三人で、郊外の公営アパートで暮らしていた。

ところが佳代さんが中学校に入学する頃、彼女の周囲でおかしなことが起き始めたのだ。

友達と撮ったスナップ写真の中に、その場にいるはずのない女の顔のようなものが写り込んでいることに気が付いた。

それは必ずと言っていいほど、佳代さんの近くに写り込んで、妙に冷たい眼付きで彼女を見つめている。

「友達の手前、何も知らないふりをしてました。そして一緒になって怖がっていましたが。

ええ。遺影で知っていますので。母の顔に違いありません」

さすがに、これはおかしいのではないか。

娘が心配で成仏できないとか、守っているとか、そのような類いでないことだけは一目で分かる。

恐らく、自分のことが憎いのだ。でないと、あのような冷たい眼差しはできやしない。

でも、どうして実の母親からこれほどまでに忌み嫌われなくてはならないのか。

ひょっとして、私が生まれると同時に母は力尽きてしまったのか。それだったら、少しは分かる。自分が生まれたせいで命を失ったのであれば、恨む気持ちも分からないでもない。

そう思って父や祖母に母の死因を訊いても、まともな返答が来た試しがない。

「病気よ病気。辛いから、あまり思い出したくないのよ」

「いいじゃないか、そんなこと。父さんだって辛すぎて思い出したくないんだ」

そのような当たり障りのないことしか返ってこない。

「さすがに、頭に来ちゃって……」

佳代さんは、写真のことを洗いざらいぶちまけた。

父親はほんの一瞬だけ酷くぎょっとしたような表情を見せたが、すぐに感情を押し殺した冷たい表情へと変わった。

そしてすぐさま、まるで取り繕うように大げさな笑いを顔面に張り付かせながら、こう語りかけた。

「お前のことが大好きだったからな、あの人は」

隣にいた祖母も、慌てて追随する。

「そんなことある訳ないじゃない。あの人はきっと心配しているのよ。あなたのことを」

「あの人はね、お前のことを本当に大事にしてたんだよ。本当にお前のことが大好きだったんだよ」

そう言いながら、父親はいつものようにきつく抱きしめてくる。

「どうしても母のことを話したくないいなら、もういいかな、なんて思う。元々いない人って考えれば、どうってことないし。訊くたびに父が抱きしめてくるのも、本当に嫌だし。何かあると必ずベタベタと触ってくるんですよ。それが本当に厭で」

彼女は吐き捨てるようにそう言った。

「まあ、それはともかく。それで、父と祖母が頑なに母のことを『あの人』って言い方をするのが少し気になったんで」

亡くなったとはいえ、かつての伴侶や義娘《むすめ》のことをそう呼ぶのは、あまりにも他人行儀が過ぎるのではないだろうか。

その件に関しても訊ねてみたが、相も変わらずまともな答えは返ってこない。

最早、この件に関して訊ねるのは無意味なのかもしれない。

このようにやや諦めの境地に達しようとしていたときのこと。

何げなく友人同士で撮った写真を眺めていると、写り込んでいた例の顔の異変に気が付いた。

顔の形が微妙に変わっていたのだ。

母親らしき顔だけが、以前とは明らかに違う。

視線はより強烈になっており、間違いなく佳代さんを睨み付けているようにしか見えない。

佳代さんは慌てて友人達に連絡を取った。

友人同士で撮った写真は皆で共有しているので、そのデータを皆に確認してもらったのである。

「やっぱり同じでした。皆が持っている画像データも全て変わっていたんです」

友人の中には酷く怖がって、すぐに画像データ自体を消去して、グループとは疎遠になってしまう者まで現れた。

結局、皆で話し合って、佳代さんが写っているデータを全て削除することにした。

それとともに、友人達との間が妙にぎこちなくなってしまい、察した佳代さんのほうから次第に疎遠になっていった。

「まあ、それも仕方ないんですけど。そんなことよりも……」

その頃から佳代さんは、母親らしきものの姿を見かけるようになってしまう。

自分の家や学校、街を出歩いた、何げないとき。

視界の隅で何かの姿を捉えることがある。そのとき瞬時に視線を遣ると、遺影で見慣れたあの顔がほんの一瞬だけ見えるのである。

しかし、その眼付きは遺影のそれとは明らかに異なる。ここまで怨嗟《えんさ》に満ちた眼差しはないであろう、と思われるほど凄まじいものであった。

更に、不審な声も時折聞こえてくる。

状況的には姿を見かけた後が一番多いが、声のみが聞こえてくることも多々あった。

煙草ないしはアルコールでこっぴどく痛めつけられた喉から発せられる、独特のハスキーボイスである。

その台詞は毎回同じ。

「アンタ、何で生きてるの？」

その声を聴くたびに、佳代さんは胸の奥底に鋭い痛みを覚えるのだ。


あれから十五年の月日が経過した。

その間、父親と祖母は交通事故で他界し、佳代さんは子供の頃から住んでいる公営アパートに今でも独りで暮らしている。

可能であるならばここを離れてしまいたいが、仕事が安定しないため日々の生活にも事欠く有様で、なかなかそうもいかない。

父親も祖母も親戚付き合いを一切しなかったので、このような境遇の彼女を助けてくれそうな親戚の存在すら一切分からない。

幸福から無縁の生活をしていてもなお、彼女の母親らしきものは頻繁に姿を現す。

そして、いつもの台詞を繰り返すのである。

「アンタ、何で生きてるの？」

若い頃に比べてその頻度は少なくなってはいたが、それでも時折現れ、彼女に精神的なダメージを与える。

「私、皆が思うほど強くないんで。生きてて楽しいことなんてないです。もう、ホント、早くこの世から消えてなくなりたい」

実の母親にここまで忌み嫌われるなんて、一体何をしたらこうなってしまうのであろうか。

口を噤《つぐ》んだままこの世を去った彼女の父と祖母。彼らだけが何かを知っていたのだろうが、今となってはどうしようもできないのであろう。

# 吊り橋

渡部正和

「おっかねぇ話なァ……」

農作業を終えて帰ってきたばかりのロクさんが、ほっかむりした手拭いを頭から外しながら考え始めた。

「あるにはあっけども。こつけな昔の話、面白ェがどうが分がんねェけど。ものは試しに聞いでみっが？」

何度もこくりと頷く私の目を凝視しながら、彼はゆっくりとした口調で話し始めた。

「キサブロウさの山んとこによォ……」


その山にはかつて、こぢんまりとした集落があった。

麓からそこへ向かうには、木々を縫うように蛇行している渓流を迂回《うかい》しながら、険しい山道をひたすら歩かなくてはならなかった。

その道程があまりにも大変だったため、集落と麓に住む人々が協力して、簡易的な吊り橋を作ったのである。

勿論、板切れをロープで組み合わせただけだったので、すこぶる危険な代物であることに代わりはなく、一歩間違えば谷底に転落してしまう。

大人一人が通るのが精一杯なほどの幅だったので、左右に張られたロープをしっかり握っていれば、そこそこ安心して渡ることができる。

かなりの揺れを我慢しなければならないが、ここを渡れば移動時間が大幅に短縮できることから、大人達は怖がりつつも頻繁に利用していた。

初めのうちは危険すぎるといった理由で、子供達の使用は固く禁じられていた。

だが時間の経過とともにその効力は次第に失われていき、常日頃から遊びとスリルに飢えていた子供達は遊び感覚で使うようになっていった。


ところが、真夏の暑い盛りの夕暮れであった。

この集落に住む女の子が足を踏み外して、谷底へと落下してしまったのである。

彼女の短い悲鳴が辺りに響き渡ったかと思うと、あっという間に真っ逆さまの状態で地面に激突したらしい。

そして河原に広がる無数のごろた石に頭部を強く打ち付けて、そのまま息絶えてしまったのであった。

たまたま麓からやってきていた雑貨屋が、悲鳴を聞きつけて慌てて吊り橋へと駆けつけた。

ところが橋の辺りには人っ子一人おらず、首を傾げながら戻ろうとしたそのとき。

何げなく下へ遣った視線が、頭部がぱっくりと割れている、哀れな女の子の姿を捉えたのである。

知らせを聞きつけてやってきた女の子の母親である君江さんは、いつもの温和な表情からは想像もできないほど、半狂乱になって喚き散らした。

「違う、違う、押さっちゃんだ！　誰かに殺されたんだァ！」

あんなにしっかりとしていた自分の娘が、あんなにあの吊り橋を怖がっていた娘が、一人であんな所に行く訳がない。

いつまでもいつまでも、君江さんはそう絶叫していた。

「勿論、そういう可能性もあっからなァ。駐在と俺ら若い衆が一緒になって良っく調べだんだけっども」

他殺の証拠は勿論、何らかの事件に巻き込まれた形跡すら何も見つからなかった。

そして結局は事故死で片付けられてしまったのである。

医者の話によると九分九厘即死だったとのことであるから、苦しむ時間がほんの一瞬だったことだけが唯一の救いであった、とロクさんは当時そう思った。

「あそごの家は父親が早くに蒸発しちまってな、女手一つであの娘を立派に育てあげたんだァ。

冬は炭焼き、春夏秋は野菜作りと養蚕に一生懸命でなァ。ホント、一日も休まずに働いていださ。あの娘は成績もすんばらしがったからなァ。末は博士か大臣か、なんて皆の噂になっててなァ」

ロクさんは紫煙を燻《くゆ》らせつつ、幾度となく呟き込みながらも残念そうに何度も頷いた。

「でもよ。不幸っていうものはよォ、ホント容赦がねえんだなァ」

それから間もなく、君江さんもまた、変わり果てた無残な姿になって吊り橋の下で発見されたのである。

「おそらぐ自殺だったど思う。娘が死んでから精神的におがしぐなっていだからなァ」

その日の早朝、たまたま鹿狩りに来ていた連中が彼女を発見した。

「娘んときは顔は綺麗だったけどなァ。母ちゃんのときは、それはそれは酷い有様だっだみたいでなァ。顔面なんて殆ど潰れていたみてェだったらしいなァ」

理由はどうあれ、二人も死者が立て続けに出た吊り橋を、今後どうすべきか皆の間で何度も話し合われた。

しかし、吊り橋を廃止することまでには至らなかった。勿論、もっと安全に使用するように吊り橋を作り直すことも検討されたが、費用の面で負担が大きすぎるため、断念せざるを得なかった。

とりあえず、子供達に対しては、決してあの橋を渡らないよう厳しく言い渡すこととなった。

しかし、時の経過は恐ろしいものである。それから数カ月ほど経過しただけで、そんな教えは脆《もろ》くも風化してしまい、吊り橋を渡ることを禁止されていた子供達は、いつの間にかまるで示し合わせたかのように、一斉に橋を使い始めた。

妙な噂が流れ始めたのはその頃からである。


「橋を渡っているとな、いきなり耳元で声が聞こえてくるんだってよ」

最初に体験したのは、ロクさんの友人である石屋のハルオさんであった。

近くの町まで用足しに行った帰り、例の吊り橋を一人で渡っているときのこと。

歩き慣れたとはいえ、この橋を渡るときは細心の注意を払うようにしていた。

左右のロープを両手で掴みながら、一歩一歩足元を確認しながら歩んでいると、いきなり背後から声を掛けられた。

「……お前ェ」

その声を聞くなり、ハルオさんはまるで全身が硬直したかのように瞬時に動けなくなってしまった。

ねっとりとした脂汗が、額と背中から湧き出る感触が妙に気持ち悪い。

「……お前ェ」

聞き覚えのある嗄《しゃが》れ声。

「お前ェ、違うな」

その声とともに、身体の自由が一気に戻ってきた。

ハルオさんは全身汗だくになりながら全力で橋を渡り切ると、今しがた自分の身に起きたことを集落中に触れ回った。

「まあ、ハルオの言うごとだがらって、誰も信じなかったんだげど……」

吊り橋を渡る者達が次々に同じような目に遭い始めたのだ。

一人で渡っているときは勿論、複数で渡っているときも、その声は聞こえてきたという。

「お前ェ、違うな」

聞き覚えのある嗄れた声が、そう告げる。

特に女性や年寄りは大層怖がって、中には近寄ることすら嫌がる者まで現れた。

だが、何故だか分からないが、子供達にだけはその効力はなかったようである。

幾ら親や学校の先生に厳しく注意されても、彼らはその橋を利用し続けた。勿論、中には利用する必要性があった者もいたし、遊び目的で利用する者もいた。ただし、これだけは言える。妙な声が聞こえる、といった話が出てから、子供達の吊り橋利用回数が激増したのである。

「何だかな。電灯さ惹き付けられる蛾みてえな状態になってたんでねべがな、恐らく。今の俺だったらとてもとても、おっかなくておっかなくて渡れないけっどもなァ」

それから間もなくして、またしても事故が起きてしまった。

「キサブロウさの本家の息子と母親がなァ、橋の下で見つかったんだ」

その少年は死んだ女の子と同い年で、学校の勉強はできたが何処か異常で、悪童として有名であった。その母親も皆からの評判は非常に悪く、あの親にしてこの子あり、と集落内ではそう言われていた。

「全く。あいづの手に掛かった犬や猫、鶏なんてたくさんいたべな。何処かおかしい奴だったんだ。勿論、最初の事故のときも真っ先に疑われたんだけども、あそごの家には誰も物申せねェがらなァ」

酷い言い方ではあるが、あの二人が亡くなっても、悲しまない人のほうが多いと容易に想像できる、とロクさんは言った。

落下した原因は未だに不明ではあるが、とにかく母親と息子があの危険な橋を渡ろうとして転落したことに間違いはないと思われる。

「しっかし、まあ。その死に方が、これまだ不気味でなァ」

少年は頭部のみがぱっくりと木通《あけび》のように割れてしまったが、その他の傷は一切なかった。母親は顔面が判別不能なほどぐちゃぐちゃに潰れて発見されたのである。

「……んだず。最初の二人と全く同じ目に遭ったみだいだなァ」

結局、事故として処理されてしまったが、このことだけははっきりと言える。

その事故を境に、吊り橋を渡るときに聞こえてくる、妙な声は消え去ってしまった、と。

齢八十をとうに超えたロクさんに案内されて、例の事件が発生した現場をこの目で見ることができた。

山の麓から険しい山道を歩いて一時間強と、鈍った身体には厳しい道程であったが、息一つ乱れていないロクさんとは打って変わって、全身で荒い呼吸をしながらもようやく辿り着くことができた。

案内されなければ決して辿り着けない深山の中。目の前には深い谷が広がっており、その下には渓流らしき川の流れが見受けられる。そして、かつてそこを渡していたらしき、吊り橋の残骸が無残に放置されている。

当時は歩く部分に木の板切れが設置されていたらしかったが、今ではその部位は一つとして残っていない。

ただただ、今にも切れそうな二本のロープのみが、寂しく取り残されているのみである。

今となっては誰一人として近づきすらしない、向こう側に垣間見える廃集落の寂しい残骸とともに。

# 娘のお守り

川奈まり子

私、川奈まり子は、日頃から不可思議な体験談を蒐集している。

基本的にはご連絡いただいた方から直接お話を聴き集めてきた次第だが、ごく稀にインタビューの音源がメールで送られてくることがある。

つい先日も、私と同世代の女性が、このようなメッセージと共に、彼女のご母堂に語ってもらったという音声データを送ってくださった。

《これは母の話です。母は昭和十四年生まれの八十五歳で、昔から私は母が遭遇した謎めいた出来事をたびたび聞かされてまいりました。中には私に関わる話もあり、母が亡くなる前にその記録を残しておきたいと思っていたところ、川奈さんのご著書を拝読して、体験談を集めていらっしゃることを知りました。どうぞ聴いてみてください。母の許しを得ておりますので、活字化するなり語るなり、お仕事にお役立ていただければ幸いです》

さっそく拝聴したところ、壮大なスペクタクルと抒情が絡み合うお話に感じ入った。

今回、それに追加取材を加えて構成したものを書いてみた。

伝奇的な奇譚でありつつ、れっきとした実話である。

尚、読者の皆さまにより深い没入感を味わっていただきたいという思いから、このたびは体験者自身による一人称の独白スタイルで綴らせていただいた。


あれは昭和五十五年五月の連休明けのことだ。

私は四十一歳。一男一女に恵まれて子育ての真っ最中だったが、特にあの頃は盲学校に通う娘の進路について頭を悩ませていた。

娘は生まれつき視力が弱かった。しかし親の欲目を除いても非常に利発な子であった。だから娘にも普通校で学歴をつけてあげたいと……その反面、無理をさせることになってはかわいそうだとも……。

くよくよと思い悩むうちに、その春、娘は盲学校の小学部を卒業してしまった。もう中学生だ。早く決断しなければ。気は焦ったが踏ん切りがつかない。

そんな矢先、私は帯状疱疹を患った。

ひと月近く完治せず、苦しんでいるさなかに姉から電話があった。

「昨夜おかしな夢を見たのよ。箱根神社の階段のところに神々しい白いお髭のおじいさんが立っていて、あなたの妹さんは、このお社に深い縁があるから必ず参詣させなさいと私に言ったの。だから病気が治ったら絶対お参りしなさい。きっと良いことがあるから」

姉の電話でそう聞かされると、大学で民俗学を専攻していた私は、白髭をたくわえた老人は延命長寿のご利益をもたらす寿老人だと思い、この夢告げに心惹かれた。

母親は元気でなければ務まらない。もう病気はこりごりだった。

それにまた、私はまだ箱根神社を参拝したことがなかった。だからいつか行ってみたいと前々から思っていたせいもあって、病が癒えるとすぐに訪ねた。

その日、私は池袋の自宅を一人で出発した。

家事を片づけてから出発したため、参道に着いたときには午後三時を回っていた。

到着するとすぐに気づいたことが二、三あった。

朱の鳥居の先に白い靄がたなびいており、五月晴れの昼下がりだというのに参拝客が誰も見当たらなかったのだ。

ひっそりと静まり返って、箱根山の樹々のざわめきだけが聞こえている。

奇妙に思いつつ参道を歩き、石段を上った左側にあった曽我神社をまずはお参りした。

それから再び参道を進んで正殿へ行くと、なぜか社務所が閉まっていた。

これでは、ご祈祷が受けられない。

せっかく来たのに……と、落胆してしまったが、そのとき瓦寄進の受付所が目に留まった。

瓦寄進は屋根の改修をするときでなければ参加できない。偶然やっていたのは好運だ。

私は喜んで瓦寄進をし、ご利益を願って本殿を参詣した。

ついでに本殿の近くにあった売店に立ち寄った。

社務所は閉じていたけれど、こちらは開いており、若い巫女が私を見て微笑んだ。

干支のお守りが販売されていた。家族のお土産にちょうどいいと思ったが、辰年のお守りが売り切れていた。息子が辰年なのである。

他にも売店はあるだろうと考えながら、とりあえず私と夫、娘の干支のお守りを買い求め、次に宝物殿を見学しようとしたら、そこも閉館している。

何か変だ。気づけば、高名で大きなお社にしては神官や巫女の姿も少ないようだ……。

仕方がないので、宝物殿の裏の緩やかな坂道を下りて帰ることにした。

霧でかすむ坂道を辿りはじめて間もなく、殉国学徒慰霊碑の案内板を見つけた。

私は戦争の時代をおぼろげに記憶している。自然とそちらへ足が向いた。

行ってみると、地面から冷涼な空気が湧きあがって全身を包んだと思ったら、体の中心を風が駆け上がり、頭頂部から勢いよく吹き抜けていく感覚を覚えた。

驚愕してよろめいた拍子に、親鸞聖人の像が視界に入った。

私の夫は浄土真宗の人で、親鸞聖人を信心している。そこで、これも何かのお導きだろうと思い、夫の無病息災と栄達を祈って親鸞聖人像の前で手を合わせた。

霧の坂道をとろとろと下り、やがて坂の下に着くと、そこにも売店があった。

こちらは五十年輩の女性が一人で店番をしている。

白い衣に赤袴の巫女装束なのが奇異に映った。ふつう巫女は若い娘がやるものだ。

だが凛とした佇まいで、明るく清らかな雰囲気を纏っている。

見れば、この売店には幸いなことに辰年のお守りがあった。

さっそくそれを買って帰ろうとすると、その巫女が話しかけてきた。

「あなたは今日、ここに導かれてきましたね」

「……どういうことでしょう？」

「あなたが来るとき、龍があなたの後ろについて石段を上っていかれるのが視えたんですよ。龍神さまのお導きがあった証です。きっと何か思い当たるはずですよ」

「実はそうなんです」と少し戸惑いながら私は応えた。

姉の夢告げについて簡単に説明しようとしたのだ。しかしなぜか口を開いた途端にすべて打ち明けてしまいたい衝動に駆られて、目が不自由な娘の進路に悩んでいたことや、先日まで病気を患っていたことまで、洗いざらい話してしまった。

呆れられるだろうと思いきや、巫女は静かな眼差しで私を見つめてこう言った。

「お嬢さんは医学的には目が充分に見えないとされていますが、どのような辞書や事典も心眼で読むことが出来ます。普通校に進んでも優秀な成績を修められるでしょう」

「心の眼で、ですか？」

「ええ。私の娘も重い障がいを背負って生まれました。でもお神楽を舞えましたし、今は箱根《はこね》元宮《もとつみや》でお守りを作っています。……これをお嬢さんに持たせてください」

巫女は目の奥に有無を言わせない強い光を宿して、艶やかな濃い紫色のお守り袋を私に差し出した。

袋の表は無地で、裏に《勝運守》と刺繍が施されている。

「娘が箱根元宮でご祈祷したお守りです。……私は結婚当初なかなか子どもが出来ず、各地の神社で子宝祈願をした挙句、ここ箱根神社でようやく娘を授かりました。でも娘は全身がフニャフニャとして足腰が立たず口もきけない子どもで、夫に見放され……」

巫女は母子で生きようとしたが、娘の障がいが枷となった。

「困窮の果てに娘を背負って旅に出ました。死に場所を求めて……娘は七歳でした。私は、この子の命を神さまにお返しするのだと思いつめて箱根神社にお参りしました。後は芦ノ湖に飛び込んで心中する覚悟で。ところが、そのとき娘が突然口を開いたのです」

娘は「おかあさん、私はこの神社の神楽の舞い手になるわ」と彼女に告げた。

それまで一言も発したことのない娘が喋ったのである。しかも、立って歩きだした。

「以来、私たちは箱根神社に身を寄せさせていただいております。娘は神楽を舞い、近頃は箱根元宮で祈祷しながらお守りを作っているわけなんですよ。神さまのお導きで奇跡が起きたのです。あなたもお嬢さんのために導かれていらしたのですから、七月三十一日の龍神さまのお祭にはお嬢さんを連れて必ずいらっしゃい」

私は巫女に感謝して家路に就いた。境内にひと気が無いのはあいかわらずで、その先の神社の駐車場にも車が一台も停まっておらず、土産物店もすべて閉まっていた。

だが、バスの停留所に近づくにつれて霧が晴れ、行き交う人や車が見えてきた。

私は娘に紫のお守りを授けて、いつも持ち歩くように言い、巫女が教えてくれた七月三十一日になると娘を連れて箱根神社を訪れた。

巫女が言っていた龍神の祭とは、芦ノ湖の湖水祭のことであった。

ここでは毎年七月三十一日になると、芦ノ湖の清祓式から始まって、箱根神社本殿の献灯祭、宵宮として行われる九頭龍大神《くずりゅうおおかみ》の湖水祭が執り行われるのだ。

これは八月一日の箱根神社例大祭と対になった祭で、例大祭が箱根大神（山の神）に感謝を捧げるものなら、こちらは九頭龍大神（水の神）に向けた祈願祭なのだ。

私たちは付近に宿を取って、翌日の例大祭にも参加した。

この二日間の滞在中に、私はあの巫女に再会するつもりだった。

ところが、坂の下の売店にいた年若い巫女に訊いても、社務所に行って神官に問い合わせても、そんな中年の巫女はいないと言われてしまった。

箱根元宮でお守りを作っている娘についても訊ねてみて、お守りも見せてまわったのだが、怪訝な顔をされるばかりだった。

私は躍起になって探した。でも駄目だったのだ。

——謎の巫女とその娘は現世には存在しない人たちだったようだ。

あのとき私は龍神に導かれて異界に彷徨い込んだに違いない。

そうとでも考えなければ、お守りを渡したときから、娘が自発的に辞書や参考書を使って勉強しはじめ、私立中学の編入試験に合格できたことの説明がつかないではないか。

病院で検査すれば依然として視力が弱かったのに、なぜかすらすらと本が読めるようになっていたのである。

本当に心眼が開いたとしか思えなかった。

私と娘は、神通力が逃げてはいけないから、お守りの中身を暴くようなことは一度もしなかった。

娘は中高は無論のこと、専門学校まで優秀な成績で卒業した。

そして社会人として一歩を踏み出して間もなく、通勤途中に引ったくりに遭った。

付けていたお守りごと鞄を奪われて、すぐに警察に届け出た。

すると幸いなことに、すぐに交番から連絡があり、鞄は取り戻すことができた。

だが、お守りは失くなっていた。それ以外の物は財布すら盗られていなかったのに。

——あれは役目を終えて龍神さまのもとに還っていったのかもしれないと私は思う。

なぜなら、それからも娘は心眼を失わず、ふつうに仕事をし、やがて結婚して、今では一人の母親として子育てに励んでいるのだから。

あの巫女の娘も、ここことは別の世界でお守りを作りつづけているのかもしれない。

# 出窓

川奈まり子

ここに一枚の心霊写真がある。

私が高一のときに、家にあったポラロイドカメラで母を撮った写真だ。

このとき母は四十七歳だったが、ひどくやつれて、年齢より十歳も老けて見える。

母は、なぜあのとき古い大島紬を箪笥の底から引っ張り出してきて、出窓の前に澄まし顔で立ったのだろう。どうして私に写真を撮れと言ったのか。

これを遺影にするつもりだったのかもしれない。

ふつうはポラロイド写真を遺影にしようとは思わないはずだが、母は少しもふつうではなかったから。

母の精神は、紐の切れたガス風船みたいな躁と、地獄の底じみた鬱の両極端を、往ったり来たりしていた。

それにまた重い難病を患って外科手術を受けた結果、女性器のすべてとオシッコの穴を失っていた。下腹に設けたストーマに人工膀胱の袋を付けて生活していたのである。

写真を撮ったのは退院から一年ほど後のことだ。

——そうそう。心霊写真だと私が思う理由をまだ説明していなかった。

写真では、件の出窓の枠が、ぐんにゃりと内側に向かって、つまり母の方へ向かってそれぞれ弧を描いて曲がっているのだ。

もちろん現実の出窓の枠は真っ直ぐで、曲がってなどいなかった。

特殊なレンズを使って撮ったわけでもない。

薄曇りの日だった。出窓の外はほんのりと明るみ、母の姿は逆光気味になっていた。

撮影した直後に浮かびあがってきたときには、ふつうに写っていた。

それが、母の遺品整理の際に出てきたら、窓枠が湾曲して撮れていたのである。

こんな怪奇現象が起きて、しかもこの出窓につい先日まで三十年近くも母の位牌が置かれていたことを思えば、これは呪わしい写真なのかもしれない。

お焚き上げすべきだろうか？　でも母の写真はとても少なくて、ことに晩年に撮ったのはこの一枚きりだから、私はこれを手放したくない。

妹に譲ることもしたくない。妹は母を嫌い、どちらかと言えば父に懐いていた。

六歳の年の差が私と妹の気持ちを分けたのだろう。

私たち家族が壊れはじめたとき、私は十四歳。妹は八歳だった。

妹は母親に甘えたい年頃だったし、とても無邪気な、子どもらしい子どもでもあったから、父の性的なだらしなさや生活能力の無さを知るよしはなかった。

一方、歳よりませていた私は、両親の夫婦喧嘩の内容から父がうちの近所のスナックの女店主とデキているらしいと察してしまった。

その前から、陽気なお調子者で外面の良い父が、実は嘘つきでいい加減な性格であることは勘づいていた。

だから父が「辞めさせられる前に辞めてやった」と言って会社を退職してきて、「スナックの経営者になる」と家族に宣言したとき、私は心の中で父を見限った。

実際、父は最低だった。それ以降、一円たりとも家に金を入れなかったのだ。

父が退職するのとほぼ同時に母は体調を崩して、検査に行った病院でパジェット病という診断が下された。

さっき言った難病というのはこのことだ。

皮膚や粘膜の表層部分で癌が進行し、完全に患部を取り除かなければ、命にかかわるというのだった。発症した部位によっては深刻な後遺症を免れないという。

母は私と妹を同じ町内に住む妹夫婦の家に預けて、手術を受けた。

母もフルタイムで働いていたが、入院中に上司からやんわりと退職を迫られ、無職になってしまった。

母は高卒で何も資格を持っておらず、真面目なだけが取り柄だった。

……母が特に心の弱い人だったとは思わない。

夫の浮気と放埒。性器の喪失。人工膀胱。失業。

高校受験を控えた中三のあるとき、母は急に「押し入れが怖いの」と私に打ち明けた。なんの変哲もない押し入れだった。

私たちが住んでいたのは昭和三十年代に市営住宅として建てられた平屋の一戸建て。格安で払い下げられていたのを新婚当時に父が買った、みすぼらしい家だ。

「どこが？　ふつうのボロい押し入れじゃない？」

「怖いというか……とても厭なの。気になって、押し入れのことが一日中頭を離れない。だから思い切って改装して、あそこに出窓を作ろうと思うんだけど、どう思う？」

「出窓を？　壁をぶち抜いてガラス窓を取り付けるってこと？　お金が掛かるよ？」

その頃の私は高校の学費のことを心配していたので、不安になってそう言った。

すると母は私の気持ちを読んで、「進学費用は心配ないから」と約束してくれた。

母が言ったとおり、私は高校に進学できた。そして古くて小さな家には不釣り合いな立派な出窓が完成し、高一のときに例のポラロイド写真をそこで撮った次第だ。

改装工事の最中は、母は奇妙なほど活発で、再就職の口を探したり（一つも見つからなかったが）以前はやらなかった庭いじりをしたり、そうかと思えば衝動的に街に出掛けて、病気の前には着なかったような派手な洋服をたくさん買い込んできたりした。

ところが、工事が済んだ頃からだんだん無気力になって、家事もままならなくなり、近所に住んでいた母の妹、つまり私の叔母にうながされて精神科を訪ねたところ、精神を病んでいることが判明した。

尚、工事が始まると父は家に全然帰ってこなくなった。

その癖、叔母の家に押し掛けて金を無心したとのこと。

叔母は怒り心頭で「浮気者がどの面下げて」と、うちに来て息巻き、一刻も早く離婚するようにと母を説得しはじめた。母は「そうね」と元気なく答えるばかりだったが。

その後、母は再び躁状態になったが、今度はなぜか私を目の敵にして、家から追い出しにかかった。

「おまえのせいで病気が悪くなる！　何もかもおまえのせい！　出て行け！」

無体なことを大声で怒鳴りつけられて、私は泣きながら叔母の家を訪ねた。

「かわいそうに。でも病気が言わせているんだから、相手をしても仕方がないよ。学校の道具と着替えを持っていらっしゃい。うちから高校に通いなさい」

叔母は親切にしてくれて、叔父や従妹も優しかったが、私は辛かった。

私が叔母の家に身を寄せると、母は妹に学校を休ませて、どこへ行くとも言わず二人で旅行に出てしまった。叔母に電話でひと言、「妹ちゃんと旅行に行く」と告げただけで。

叔母は「神津島《こうづしま》に行ったんだろう」と私に言った。

「私たち姉妹は神津島で生まれたからね。ねえさんは結婚してから一度も帰省してこなかったから、い……今のうちに親の顔を拝んでおきたいと思ったのかもね」

あのとき、たぶん叔母は「今のうちに」ではなく「生きているうちに」と言いかけた。

ずっと後に妹から聞いたところ、二人は本当に神津島に行き、母の実家に泊めてもらったということだ。

旅行から帰ってきた母は、真っ赤なサマードレスを着て叔母の家に現れて、「帰るよ」と私に帰宅をうながした。

私は叔母の家にいる間にアルバイトを見つけて、週に何度かバイトしていた。ところがバイトに行こうとすると、母に止められた。

「どこに行くの？　私を置いていかないで」

すがりついてくるのを振り払って家を飛び出し、バイトを終えて帰宅すると、母はすでに蒲団に入っていた。

そして翌朝、妹や私が登校する時刻になっても起きてこなかった。

再び鬱が始まったのだ。

今回の鬱は重かった。母は一日の大半を蒲団の中で過ごしはじめた。たまに病院に行く以外、家から一歩も外に出なくなった。

そんな中で、私は高校の二年生に進級した。

新学期が始まったことを告げると、「もうすぐ大人になるんだね」と母は私に言った。

「おとうさんと結婚したときのことを話したっけ？　あの当時も私たちは貧乏だったけど、一応、花嫁衣裳を着せてもらって、日本髪を結って角隠しを被ったんだよ」

「ふうん。そうなんだ？　そのときの写真があれば見てみたいな」

「無いよ。一枚も無い。なぜって、婚礼の儀式の真っ最中に結い上げた髪から簪がビューッと飛び出して、角隠しが真っ二つに裂けたから」

この現象を不吉の前兆だと見做す年寄り連中が親族に少なからずいて、式は中断された。

「それでも結婚したのだけれど……。ねえ、おとうさんと離婚してもいいと思う？」

私は「いいよ」と母に答えた。

「じゃあ離婚するよ。生活はなんとかする。幸い元気な頃に生命保険に入って何年も保険金を払いつづけてきたから、死んだら、おまえたちの暮らしが少し楽になるはずだし」

「ちょっとやめて。縁起でもないこと言わないで」

「ううん、これは大事な話だよ。おまえが保険金の受取人だからね！　叔母さんが後見人になってくれる。叔母さんは根っからの善人で信頼できる。だからこそ、これ以上迷惑をかけないうちに……なるべく早くおとうさんと離婚しないといけないと思うんだ」

母の決意は固く、父が話し合いから半年近くも逃げまわったにもかかわらず、この年の秋には離婚が成立した。

家の名義人が父だったから私は引っ越しを覚悟していたが、不貞や婚姻費用を支払わなかったことなど数々の有責行為があったため、出て行く必要はないとされた。

離婚手続きのために母は最後の気力を使い果たしてしまったようだった。

蒲団で寝たままテレビを観て過ごしたがるので、私が食事を作って食べさせ、ときには顔や体を濡れタオルで拭いてあげるようになった。

その頃、深夜、母が寝ている隣の部屋から、喧しい声が聞こえてきたことがあった。

机に向かって勉強していたら突然ガヤガヤと始まり、母がテレビを点けたのだと思った。

壁越しに伝わってくる音の感じでは、芸人が多数出演している番組のようだった。けたたましい悲鳴の後、男たちの笑い声がドッと湧く。

バラエティ番組だろうと見当がついたが、それにしても異常な大音量だ。

廊下に出て、襖の外から「テレビのボリューム下げて！」と抗議すると、「テレビ点けてないよ？」と部屋の中から母が応えた。

私は腹を立てて「嘘ばっかり」と言いながら勢いよく襖を開けた。

すると今の今まで聞こえていた五月蠅い音声が一切止んだ。

枕から頭をもたげた母の痩せこけた顔が、常夜灯の弱い明かりに照らされていた。

フフッと笑って、「寝ぼけてるの？」と私に言う。

テレビは消えていた。最初から点いてなどいなかったように思われた。

私は足をがくがくさせながら急いで自分の部屋に戻った。

その年の十二月七日。私は怖い夢を見た。

夢で、私は高校からの帰り道を同級生と歩いていた。いつも登下校に使っている近所の通学路で、周囲は見慣れた景色だった。この同級生と下校するのも常のこと。

しかし、家の前に続く路地に入るために、雑木林のある交差点の角を曲がったとき、林の奥からゾッとするような違和感が押し寄せてきて、反射的に振り向くと、人の形をした真っ黒なものが木の枝で首を吊ってぶら下がっていたのである。

悲鳴をあげながら目が覚めた。起きた後も心臓が早鐘を打っていた。

悪夢はこれで終わりではなかった。翌日は、雑木林より少し私たちの家の方に近づいた場所にあるブロック塀から黒い人がぶら下がっている夢を見たのだ。

そして三日目の夢では、そこより数メートルさらに家に接近した民家の庭木で同じように首を吊っていたので、私の恐怖はいや増した。

悪夢は連日続いて、人間の背格好をした真っ黒な化け物は徐々に我が家に接近してきた。

一週間後、家の前の電柱でそれは首を吊っていた。

夢の中の私は、なぜかそのとき急に、スン……と静かな心持ちになって、「ああ、これはもう逃れられない運命ということなんだ」と悟った。

目を覚ますと家の電話が鳴っていて、窓の外で闇が薄まって紫色味を帯びていた。

枕もとの目覚まし時計を見ると朝の六時を指していた。電話のベルは鳴りやまない。

その頃、我が家では、茶の間と台所の境い目の辺に黒電話を置いていた。

妹が部屋から出てくる気配がして、「はい」と不機嫌そうに電話に出た。

私はまどろみかけた、が、一瞬の後、妹の叫び声で飛び起きた。

「ヤダ！　ウソ！　おねえちゃん、おかあさん死んじゃったって！」

飛び起きて駆けつけ、急いで妹と電話を替わると受話器から叔母の声が聞こえてきた。

叔母は取り乱していて、何を言っているのか最初はまったく理解できなかった。

「亡くなってるの！　ねえさんが！　ああ、どうしよう！」

「おかあさんなら、うちで寝ているはずじゃ」

「違うの！　いいから外に出て。妹ちゃんと一緒に家の外に出てちょうだい！」

なぜ外に？　と疑問に思ったが、叔母の慌てぶりから、緊急事態だということは呑み込めたので、「わかった」と答えて電話を切り、妹を連れて玄関の方へ急いだ。

後に叔母は、「茶の間の掃き出し窓から庭に出てほしかった」と私たちに話した。

私は未だに恨めしく思う。それならそうと伝えてくれたらよかったのに、と。

玄関の少し手前に、障子を張った引き戸があった。

その障子を引き開けると同時に、ドアの横にあるガラス窓を透かして、軒先で首を吊っている母の姿が目に飛び込んできた。

妹と私は抱き合いながらヘタヘタと廊下にしゃがみ込んだ。

「ありゃ！　こっちに来ちゃったか！　見るんじゃない！　見るんじゃないよ！」

耳慣れない男の声が後ろからして、振り向くと知らないおじさんが私に向かって「新聞を配りに来たら、こうなっていて」と、しどろもどろに弁解しながら近づいてきた。

「きみの叔母さんのうちと同じ新聞で……ここんちの奥さんと姉妹だと聞いていて、いつも先にこっちの家に配るもんで、見つけてビックリした勢いのまんま叔母さんちに飛び込んでよ。そしたら姪っ子たちがご遺体を見てしまう前に茶の間から連れ出してくれと泣きつかれて引き受けたんだが……。おじさんバカで、本当にごめんよ……」

その後、私たちはおじさんと一緒に茶の間から外に出た。

それから警察官や救急隊員たちが来て、母の亡骸を地面に下ろしてくれた。

保険法では自殺による死亡保険金は支払う必要がないと定められている。

しかし多くの保険会社では、自殺を決意したまま人が何年も生きつづけることは難しいことから、保険加入から一年から三年ぐらいの免責期間を設定している。

要するにその期間を超える年数が経ってからの自殺であれば、保険金を支払う場合があり、母のケースはそれに該当した。

精神疾患が急速に進行していて死亡時に正常な判断力を欠いていたことも考慮され、満額の保険金が下りた。

母が言っていたとおり、私が受取人になっていた。

母の死後、父が家に戻ってくると妹は父との同居を選んだが、私は再び叔母の所に居候することにして、高校卒業後は進学先の専門学校の寮に入った。

妹も高校を卒業すると家を出た。

独りになった父を訪ねる気にはなれず、父が叔母を介して手紙を送って寄越しても返信したことはない。

今回の手紙は、母の位牌を入れた箱に同封されていた。

《家がボロくなりすぎたので取り壊して引っ越すことにした。かあさんが作らせた出窓に位牌を置いていたが、俺も老い先短いから、今後はおまえが持っていてくれ》

父の便りを読んで、あの出窓――母を前に立たせて例のポラロイド写真を撮ったあそこに母の位牌が置かれていたことがわかった次第だ。

母はとうに亡くなっているが、出窓も此の世から消えたと知って、川奈さんに話を聴いてもらいたいと思った。

記憶をたどることが、良い供養になる。そんな気がして。

私は母の分まで長生きしようと誓い、もうすぐ母の享年を超える。

# 三母の一　忌母

郷内心瞳

時は九〇年代半ば、湿り気を帯びた熱い空気が肌身を舐めるように蝕む、梅雨時のこと。

当時、二十代半ばだった里美《さとみ》さんと葉月《はづき》さんの姉妹は、亡き母の一周忌法要に参列するため、東京から一路、故郷である新潟へと戻った。

実家は福島との県境にほど近い、田舎町にある。周囲を山と雑木林に囲まれた広い敷地には、古びた母屋と小さな別棟が立っている。

法要は週末の昼、近所の菩提寺でおこなわれた。参列したのは姉妹の父を始め、地元の親族、さらには他県からやって来た親族など、総勢二十名余り。

法要後の会食が済むと、親族たちはあらかた帰ってしまったが、他県から来た親族の一部はこの日、実家に泊まることになっていた。里美さんたちも男寡《おとこやもめ》の父から彼らの世話を頼まれ、実家で一夜を過ごす段取りで帰郷していた。

やがて陽が暮れ落ち、母屋で親族たちに夕餉を振る舞い、彼らがそれぞれ入浴を済ませると、あとは特にやるべきことがなくなってしまう。

時刻は十時を回る頃。里美さんたちも湯に浸かり、のろのろと寝支度に取り掛かる。

眠気も差し始めているというのに、ふたりがもたついているのには理由があった。

この日、里美さんと葉月さんは別棟で寝ることになっていたからである。

別棟は、母屋から十メートルほど離れた東に立っている。中は八畳敷きの座敷が二間に納戸、台所とトイレがあるだけの簡素な造り。母屋と別棟の間は、納屋に挟まれている。

こちらの家屋は母が生前、仕事で使っていた物だった。

昨年、脳溢血で他界した母は、里美さんたちが中学生の頃から祈祷師の仕事をしていた。

ある日を境に「神さまがこの身に降りてきた」と称して、元は在りし日の祖母が活花教室に使っていた別棟を仕事場に改装。座敷の一間に祭壇を祀り、相談客を募っていた。

恍惚とした顔つきで「神さまが……」と語る母の主張は、幼心にも胡散臭く思えたものだし、神々しさよりむしろ、禍々しさのほうを強く感じた。

相談客は稀に来るぐらいで、その大半が母の目と似た、ぎらぎらした目つきの人たちだった。およそ商売になるものではなく、独りで祭壇を前に、怪しげな祈りを捧げる日が多かった。

そうしたなかで数少ない常連客にさせられたのは、里美さんと葉月さんである。

その日の気分で姉妹のどちらか、あるいはふたり揃って別棟に嬉々とした形相で連れこまれ、偉大にして（そしておそらくは、母の妄念が作りあげた空想上の）神さまにまつわる繰り言を延々と語り聞かされた。

家事全般は一通りこなしていたし、たまにはまともな素振りを見せることもある母だったが、それでも里美さんたちにとっては〝忌まわしい存在〟という印象のほうが格段に強かった。

母という存在が原因でいじめを受けたこともあったし、近所で後ろ指を指されたこともある。まともに母と向き合うことを面倒がり、彼女の奇行を半ば黙認してきた父という存在も含めて、少女時代の里美さんたちは心に相応の傷を負った。だからふたりとも地元の高校を卒業すると、早々と東京に出ていってしまったのである。

そうした悲惨な記憶を呼び起こす現場となった別棟に泊まるのは、気が進まなかったのだが、母屋の各部屋は親族たちの寝床に充てがわれ、他に一夜を過ごせる場所がなかった。ふたりが上京前に共有していた自室は、足の踏み場もないほどの物置と化していた。

できれば今からでも、他の親族に寝場所を変わってもらえないだろうか……。

そんなことを考えているうちに、外からぽつぽつと雨音が聞こえ始める。予報ではこれから明け方にかけて、大雨になるとのことだった。

ふたりで観念し、運びこんですらいなかった荷物を引っ提げ、母屋を出る。

闇夜に頻降《しきふ》る雨の中、前庭を横切り、別棟の玄関をくぐると、中は異様なまでに涼しかった。外は蒸し暑いというのに湿気を含んだ家内の空気は、身震いするほどひんやりとしている。あるいはクーラーでもついているものかと思ったが、部屋の電気を明るくしてみても案の定、そんな物は稼働しているどころか、取り付けられてもいなかった。

別棟は、玄関に面した上がり框《かまち》のすぐ先に座敷があり、その左側にも襖を隔てて座敷がある。去年の百箇日を機に片づけたが、母が祭壇を祀っていたのは隣の座敷だった。

寝具は昨日のうちに他県から来た叔母が用意しておいてくれた。やはり気は進まなかったが、「早く寝てしまおうよ」と話し合い、手早く床を整える。

電気を消して布団に入る頃、雨足はますます強さを増してきた。

瓦屋根を叩きつける鋭く高らかな雨音と、庭土に降り注ぐ柔らかな雨音が渾然一体となって、戸外の闇に絶え間なく轟き始める。

里美さんはその雨音が耳障りで、なんとも言い知れぬ怖じ気を誘う響きにも感じられたので、イヤホンで音楽を聴きながら寝ることにした。布団から起きだし、バッグの中にしまってあるポータブルCDプレイヤーを探し始める。

「ねえ、お姉ちゃん」

そこへ葉月さんが、息をひそめて呼びかけてきた。

ただならぬ様子に「何?」と小声で訊き返すと、妹は「聞こえない?」と囁いた。

先ほどから激しい雨音に混じって、何かが外を走る足音が聞こえてくるのだという。

「絶対何かが走ってる」

嘘だと思って耳をそばだてると、音はまもなく確かに聞こえてきた。庭のあちこちにできた水溜まりをばしゃばしゃと踏み鳴らして駆けずる足音が、遠くのほうから聞こえてくる。

妹は「何かが」と言ったが、里美さんの耳には、人のそれにしか聞こえなかった。

しかもその何者かの足音は、別棟に向かって少しずつ近づいてきているように聞こえる。

——と思った時には、すぐそばまで迫っていた。

ばしゃばしゃと勢いよく水飛沫を撥ね散らす足音が、家の壁に沿ってぐるぐると回り始める。

しかも足音は断続的で、時折五秒ほどの不可解な沈黙を挟み、再び聞こえてくるを繰り返した。

まるで豪雨の中から身体がつかのま消えて、再び姿を現しでもしているかのように。

ふたりは喉からこみあげてくる声を必死で堪え、布団の上で抱き合いながら身を強張らせた。

亡き母を反面教師のように育ってきた影響で、里美さんも葉月さんも幽霊やお化けのたぐいを一切信じていなかったし、この時も足音の正体は生身の不審者と思っていた節があったのだが、たとえ正体がなんであれ、恐ろしさに変わりはなかった。

「どうしよう……どうしよう……」と囁き合っているうちに、足音は玄関の前で止まった。

続いて「ばしゃん！」と足元の水溜まりを踏みしだく音が、大きく耳に聞こえてくる。

まるで「おいで」と挑発しているかのような感じだった。

そこから再び足音が聞こえてくることはなくなってしまう。

カーテンが閉めきられた玄関戸に向かって、しばらくびくびくしながら視線を注いでいたが、やおら葉月さんが「確かめてくる」と言いだして立ちあがった。

玄関口に向かっていく妹の背中を、里美さんは固唾を呑んで見守り始める。

ぴたりと閉めきられたカーテンの合わせ目を細く捲って、葉月さんが顔を近づけた時だった。

彼女の背中がびくりと波打ち、続いて外から「おかえり」と女の声が聞こえた。

姉妹の口から同時に悲鳴があがる。もつれる足で半ば這うように引き返してきた葉月さんは、真っ青な顔をして「お母さん！」と叫んだ。玄関の前に亡き母が立っていたのだという。

里美さんは一切それを疑わなかった。自分の耳に聞こえた声も、母の声だったからである。

そこへ再び玄関先で「ばしゃん！」と水を踏みしだく音が轟いた。

ふたりで泣き声をあげつつ、里美さんは反射的に隣の座敷へ続く襖を開ける。

次の瞬間、目の前に飛びこんできたのは、とうに片づけたはずの祭壇だった。

暗闇に染まる座敷の中、壇上に置かれた二本の蝋燭が橙色の炎を揺らめかせている。

その光景を見たとたん、ふたりは眠るように意識を失ってしまう。


翌朝目覚めると雨はすっかりあがって、隣の座敷にあったはずの祭壇も消えていた。

父や親族たちに事情を説明したのだけれど、まともに取り合ってくれる者は誰もいなかった。特に父などは「ふたりで同じ夢でも見たんだろう？」などと、有り得ないことを言って笑った。見限るにはちょうどいい台詞でもあった。

この夜の信じ難い一件から二十年余り――。里美さんと葉月さんは、年忌法要の機会も含め、実家に帰ることはほとんどなくなってしまったそうである。

# 母の似創

郷内心瞳

今年で三十代を迎える絵理花《えりか》さんは、実の母の顔を知らないという。

彼女の母は、絵理花さんが四歳の時に両親の離婚で姿を消している。

離婚の原因は虐待。母の顔ともども、絵理花さん自身にそうした記憶は一切ないのだけれど、実の母は絵理花さんが赤ん坊の頃から「躾《じつけ》」と称した過度な暴力をたびたび加えていたという。

記憶にはないものの、絵理花さんの腕や腿《もも》には奇妙な痣や傷痕が、確かにいくつか残っている。

離婚を決断したのは父で、以後は実母に一切の接触を禁止したらしい。

絵理花さんは父の実家で、母の代わりに祖母の愛情を受けて育てられることになる。

祖母は絵理花さんに対して優しかったし、物心がついた頃から祖母が母の代わりだったので、そこに違和を覚えることはなかった。

けれども寂しさを覚えることとならあった。

たとえば幼稚園での保護者参観会。同じ組の子たちを見にやってくるのはお母さんばかりで、代わりにお祖母ちゃんが見にくるのは絵理花さんだけだった。

たとえば大好きなテレビアニメや漫画など。絵理花さんが応援している幼い主人公には大抵、優しいお母さんという存在があり、困った時や苦しい時の大きな拠り所になっていた。

周りの子たちが自分のお母さんのことを楽しそうに話すのを聞いたり、幼稚園へ迎えに来たお母さんに甘えたりする姿を見せられるのも、時々辛く感じられることがあった。

絵理花さんが年長組に進級して、まもない頃のことである。

来たる母の日に向け、みんなでお母さんの絵を描くことになった。

「絵理花ちゃんは、お祖母ちゃんの絵を描こうね」

先生は多分、気遣いのつもりで言ってくれたのだろうけれど、絵理花さんはお祖母ちゃんの絵を描くだけでは不満だった。与えられた画用紙に絵の具を使い、手早くお祖母ちゃんの顔を描きあげると、先生に新しい画用紙をお願いして、二枚目の絵に取り掛かる。

今度はお母さんの絵である。絵理花さんが頭の中でイメージする、空想上のお母さん。

肌の色は抜けるような薄白さで、大きな目と口元に浮かべる柔らかな笑みが印象的な顔立ち。

黒い髪の毛は緩やかなウェーブを描きながら、背中に向かって長々と伸びている。

服装はウェディングドレスか、お姫さまのドレスを思わせる、裾丈の長い純白のワンピース。

胸元や袖、裾の部分にも白い刺繍をたっぷり描いて、綺麗で優しそうなお母さんに仕上げた。

なんとなく先生には叱られるのではないかと思ったのだけれど、できあがった絵を見せると、

「ステキなお母さんだね！　上手に描けてるよ！」と褒めてくれた。周りにいた他の子たちも一様に褒めてくれたので、絵理花さんはすこぶる弾んだ気持ちになった。

まるで自分にも、本当のお母さんが存在するような充足も感じてしまう。

こうしたうれしい一幕が、絵理花さんの想像力にさらなる活気と意欲を与えることになった。いちばん最初に描いた絵は大事に保管して、おりおりに新たなお母さんの絵を描き続けていく。何枚目かを描く頃から絵理花さんは、紙の上のお母さんに心の声で話しかけるようになった。するといつしか心の中に、お母さんの声も返ってくるようになる。

それは絵理花さんが想像していたとおりの優しく柔らかな声だった。しかも頭の中で会話もきちんと成り立った。心の声で呼びかけると、お母さんはいつでも望んだ答えを返してくれたし、こちらが語りかけずとも、折に触れては絵理花さんが喜ぶ言葉をたくさんくれた。

名前も分かった。「せいな」というのが、お母さんの名前である。とてもいい響きだと思った。

心の声でのやりとりが円滑になると、今度は目蓋の裏に姿も浮かんでくるようになる。

絵の具や色鉛筆で描いた平面的なお母さんではなく、生身の人とまったく同じ、緻密な像を浮かべたお母さんである。その姿は自分で描いたお母さんよりも、何十倍も綺麗だった。

目蓋の暗闇に浮かぶ姿を見つめながら交流を続けていると、ついには両目を開いた視界にもお母さんの姿が見られるようになってくる。

他の人の目には少しも見えることがなかったけれど、絵理花さんだけにははっきりと見えた。これが幸いして、いつでもどんな場所でも好きなだけお母さんと一緒にいられるようになった。

幼稚園へ迎えにきたお祖母ちゃんに手を引かれて帰る道すがら、もう一方の手はお母さんと繋ぎ合い、三人並んで歩くことも密かな日常と化していく。

それから小学校に進学し、本格的に漢字を習い始める二年生になると、お母さんの名前には「聖奈」という漢字が当てられるようになった。お母さんが「こう書くのよ」と教えてくれた。

綺麗で優しい聖奈お母さんと一緒に過ごす毎日は、絵理花さんが心に抱える寂しさを忘れさせ、大きな心の支えとなった。

けれどもそうした半面、他人の目には見えない聖奈お母さんとの交流が長くなればなるほど、新たな願望も湧きだしてくる。誰の目にも見える、生身の母が欲しくなってきたのである。

「そういうふうになれないの？」

心の声で問いかける絵理花さんに、返ってくる答えはいつでも決まって同じだった。

「ごめんね、そういうことはできないの」

憂い顔でつぶやく聖奈お母さんの様子を見るたび、胸を締めつけられるような辛さを感じて自分の我儘を反省するのだけれど、願いが本当になればという気持ちだけは変わらなかった。

それから二年ほどが過ぎ、絵理花さんが四年生に進級した時のことである。

ある日、父から遠慮がちな様子で、近いうちに再婚したい旨を告げられる。

相手は仕事を通じて知り合い、数年前から交際を続けてきた女性なのだという。

実現すれば生身の母ができることを考えても、絵理花さんの気持ちはあまり上向かなかった。聖奈お母さんに勝るお母さんなど、この世に存在するはずがないと思っていたからである。

けれども父から彼女の名前を告げられたとたん、雷に打たれたような衝撃を感じる。父が再婚を希望している女性は、聖奈という名前だった。

絵理花さんが密かに慕い続ける聖奈お母さんと、漢字まですっかり同じである。たちまち運命じみた予感を覚えた。「分かった」と父に答えると、さっそく日取りを組んで会わせてもらうことになる。

同時にこの日から、聖奈お母さんとは一切やり取りができなくなってしまった。姿はおろか、何度呼びかけても声すら返ってこなくなる。多大な不安と寂しさが絵理花さんの心を苛んだ。

それから数日後、父が再婚を予定している聖奈さんが自宅にやってくる。その姿を見た瞬間、二度目の衝撃が絵理花さんを見舞った。それは前回の衝撃よりもはるかに凄まじいものだった。

父に紹介された聖奈さんの姿は、聖奈お母さんと寸分違わず同じものだったからである。色白の顔に浮かぶ柔らかな笑みの様子や、着ている真っ白なジャケットとワンピースの色がよく似合っているところまで、聖奈お母さんと瓜二つだった。

「初めまして、絵理花ちゃん。聖奈です。早く仲良くなれるといいな」

絵理花さんの前で膝を折り、語りかけてくる声まで聖奈お母さんとまったく同じものだった。

絵理花さんは思った。きっと神さまが願いを叶えてくれたのだと。神さまが聖奈お母さんを本当の人間に変えてくれたのだと思った。

聖奈さんの優しい問いかけに、絵理花さんはすぐさま「うん！」と弾んだ声を返した。

それから数ヶ月後、聖奈さんは晴れて絵理花さんの母になる。

生身の女性に生まれ変わった聖奈お母さんは、絵理花さんの心の中に生きていた時と同じく、あるいはそれ以上に優しく、絵理花さんを受け止めてくれた。以前の記憶はないようだったが、そんなことは問題にならなかった。生身の聖奈お母さんと共に過ごして得られる香りや温もり、姿と声に加えてそうしたものを好きな分だけ感じられる、新たな母娘関係のほうが大事だった。

実の母娘になってひと月も経つと、絵理花さんはますます聖奈お母さんを慕うようになった。いつも笑顔で接してくれる聖奈お母さんと、もっと一緒に時間を過ごしたいと思い始める。

だからある日、「今夜は隣で寝てもいい？」とお願いしてみた。

予期していたとおり、聖奈お母さんは気さくな笑みを浮かべ、「いいよ！」と応じてくれた。

聖奈お母さんに充てがわれている私室に床を並べて寝ることになる。

やがて夜になって布団に入る時間になっても、聖奈お母さんの隣で眠れることがうれしくて、なかなか寝付くことができなかった。けれども布団の中で互いに顔を向けながら夢中で言葉を交わし合っているうちに、意識はしだいに遠のいていく。

次に目覚めたのは朝でなく、夜更け過ぎのことだった。

目覚めた理由は、どこか近くで感じる怪しく冷たい気配と、隣から「うーんうーん……」と濁ったトーンで聞こえてくる、聖奈お母さんの呻き声だった。

目蓋を開くと、仰向けに寝入る聖奈お母さんの腹の上にも、聖奈お母さんが座っていた。顔の作りは同じだったが、着ているお姫さまみたいな白いドレスで、腹に座っているほうが以前の聖奈お母さんだとすぐに分かった。

それに顔の作りは同じでも、形相だけはまるで違う。生身の聖奈お母さんを上から見つめる聖奈お母さんは、獲物を狙う獣のように両目をぎらつかせ、歯を剥きだしにして笑っていた。

絵理花さんが悲鳴をあげると、獣のような聖奈お母さんがこちらへゆるりと首を振り向けた。得体の知れない笑みをつかのま、絵理花さんに浮かべて見せたあと、再び首と視線を寝ながら呻く聖奈お母さんのほうへと戻す。

次の瞬間、けだものじみた聖奈お母さんが、布団の中で寝入る聖奈お母さんの首筋を両手でぐっと強く掴み、そのままバネが弾むような勢いで素早く一気に立ちあがった。

それにつられて生身の聖奈お母さんも、布団の中からずるりと身体を引きずりだされる。

瞑目したまま呻き声をあげる生身の聖奈お母さんは、けだものじみた聖奈お母さんに首筋を絞められながら直立姿勢でだらりと宙にぶらさがるなり、まるで仕上げが杜撰《ずさん》な人形のように四肢がばらばらと外れて、捲れた布団の上に散らばった。

最後に首から胴体が外れ、千切れた四肢の上に「ぼすり」と鈍い音を立てて落下する。

その光景を唖然としながら見あげる絵理花さんに、生身の聖奈お母さんの首を両手に持ったけだものじみた聖奈お母さんが、再びゆるゆると視線を向ける。

顔つきは一層、人間離れした険しいものになっていたが、細くて生白い頬筋には相変わらず、口角が張り裂けんばかりの凄まじい笑みが浮かんでいた。

「消しちゃった」

いかにも楽しげな声音で投げられた台詞を聞いたとたん、絵理花さんは意識を失ってしまう。


翌朝目覚めると、生身の聖奈お母さんは身体こそバラバラになってはいなかったのだけれど、布団の中で凍ったように冷たくなっていた。

死因はのちに脳梗塞だと分かる。だから事件になることは一切なかったが、聖奈お母さんが死に至る一部始終を見ている絵理花さんにとっては、れっきとした事件に他ならなかった。

以後は、化け物みたいな聖奈お母さんが姿を見せることはない。

けれども時折、気配を感じることはある。

絵理花さんから少し離れた周囲や背後で、息を潜めてじっと佇んでいるような気配。時には視線のようなものを感じることもある、なまじ交流期間が長かったせいで、それらを感じるとすぐに相手が架空の聖奈お母さんだと分かってしまう。

当時から二十年近い歳月が経った今でも、気配と視線はおりおりに感じることがあるという。誰に事情を話しても本気で信じてくれる者はいない。生身の聖奈お母さんを襲った時と同じく、架空の母はいずれ再び姿を現す時が来るのではないかと、絵理花さんは毎日警戒を続けている。

# 三 母の惨 災母

郷内心瞳

高校教師を務める京介さんの話である。

彼の母は十七歳の頃に、京介《けいすけ》さんを産んだ。

この頃二十代だった父は、出産前にどこぞへ行方をくらましている。そもそも父と言っても、母との関係は行きずりに近いもので、婚姻を結ぶには至っていない。京介さんが授かったのは、いわゆる「できちゃった婚」によるものだった。

若くして授かり、なおかつ大事な一人息子ということもあって、母は幼い頃から京介さんを異常なまでに可愛がって育てた。それは文字どおり、誰から見ても極めて異様な育て方である。

たとえば京介さんが幼稚園の頃。母は毎日、送迎に来るたび、先生や他の子たちの見ている目の前で京介さんに欠かさず、熱いキッスを見舞ってくれた。

「京ちゃん、今日もお疲れさまでしゅ！　ママはとってもとっても寂しかったのお！」

甘ったれた声で身の毛のよだつようなことを言いながら、京介さんを両手にきつく抱き寄せ、頬や額に唾液で湿ったキッスをちゅっちゅっちゅっちゅっちゅと浴びせてくる。

たとえば小学校低学年の頃。京介さんは友人に誘われ、地元の少年野球クラブに通い始めた。

その練習や対抗試合などの場にも、母はしばしば顔をだしては京介さんを困らせた。

グラウンドの端や観客席のほうから京介さんへ盛んにエールを送ってくるのだが、吐きだす言葉はいずれも、その場に居合わせた関係者の大半から失笑か顰蹙を誘うものだった。

京介さんがファインプレーを見せれば「京ちゃん、ナイス！　ママちゃん、惚れ直す～！」

逆にエラーを見せれば「京ちゃん、ファイト！　周りが悪いの！　全然気にしな～い！」

こうした具合に何かにつけて騒ぎまくるため、自ずとコーチや他の保護者たちからの心証は悪化の一途をたどり、京介さんもチームメイトたちから白い目で見られるようになっていった。

結局、それなりの才覚はあったにもかかわらず、一年も経たずに退団することになってしまう。

たとえば小学四年生の頃。春の運動会でのこんな一幕。

京介さんはこの日、クラス別対抗の徒競走に挑んだ。緻密なペース配分と奮闘の甲斐あって、最終トラックに入ったところで二位の座をキープする。

ところがゴールまで残り十メートルほどに迫った時だった。背後から猛然と追いあげてきた三位の男の子が、京介さんの背中に身体をぶつけて追い抜いていった。その衝撃で京介さんは前のめりに思いっきり転んでしまう。

すかさず立ちあがろうとしたのだけれど右足首に鋭い痛みが走って、その場に蹲《うずくま》ってしまう。

転んだ拍子に筋を痛めてしまったらしい。

そうした様子に気づいた先生たちが、放送席からこちらに慌てて駆け寄ってくるのが見える。

同時に先生たちとは別方向からも、金切り声を張りあげながら疾走してくる人影があった。

悲劇のヒロインよろしく、泣き顔で「京介ちゃ〜ん！」とやってきたのは案の定、母である。母は先生たちよりひと足早く京介さんの許にたどり着くと、目の前ですとんと片膝を突いた。続いて泣き顔にアニメチックなきらきらした笑みを浮かべ、痛めた足首に両手をそっと添える。

「大丈夫？　京介ママの癒しのマジカルパワーでしゅ！　痛いの痛いの飛んでいけ〜！」

その場が一瞬、水を打ったように静まり返る。それから一拍置いて、グラウンドを取り囲む観客席から爆笑の渦が巻き起こった。

保護者たちの控えめな笑い声と、児童たちの無遠慮な笑い声。京介さんのそばまで到着した先生たちも必死で顔を強張らせ、笑みが出るのを押し殺している。

「これでもう完ぺき、ザッツ・オール！　しゅぐに治るから安心しなしゃ〜い！」

弾んだアニメ声で叫んだ母のひと言に、場内を沸かす笑い声のボルテージがさらに上がる。

京介さんの口から感謝の言葉は一切出ず、代わりに塩辛い涙がたっぷりと頬を伝い始めた。

斯様に恥をかかされるたび、京介さんはふてくされて不満の言葉を母にぶつけるのだけれど、母はへらへら笑いながら、のらりくらりと受け流すばかりである。決して怒りだすことはない。

代わりに不満をぶつけたその日には、異様なおしおきが待っていた。

たとえばトイレに入った時、あるいは風呂に入った時。

用が済んでドアを開けると、目の前に真っ白い顔をしたお化けが立っている。

それは顔じゅうに白いパックをごってりと塗りたくった母である。

母は京介さんと目が合うなり、目玉を丸く剥きだし、指筋を鉤爪のように折り曲げた両手を白い顔の両脇に並べ、前のめりになって迫ってくる。

京介さんは小さな頃からお化けのたぐいが「超」のつくほど苦手だった。児童向けの漫画やアニメに出てくるお化けでさえもまともに見れないほどに忌避している。

当然、叫ぶし、泣くし、震えあがる。

母はそうした様子をつかのま、無言のうちに眺めると、やおらパックをびりびりと剥がして、素顔に戻る。それから満面に幼稚な笑みを浮かべて「じゃ〜ん、ママでした〜！」と叫ぶのだ。

恐怖の茶番が終わると、京介さんは泣きながら母に抱きつき、母はそれを優しく受け止める。

内心悔しい気持ちはあるのだけれど、思いがけない襲撃にすっかり縮みあがってしまった心は自分を脅した母に脊髄反射で救いを求めてしまう。

母は甘ったるい声で「ダイジョーブ、ダイジョーブ！」と囁きながら京介さんを抱きしめて、おそらくのところ、悦に入る。

脅かし役と慰め役。ふたつの役をこなすことで、京介さんが吐きだした不平不満をけん制し、そのうえで離れかけた気持ちを引き戻す。斯様な計算に基づく「顔パック」作戦だったのだが、当時の京介さんはそんなことなどつゆ知らず、母が扮するお化けに脅かされてはすがりつくを繰り返していた。結果として京介さんは、母に半ば洗脳されるような形で育っていく。

それから二十年近い月日が経った頃である。

京介さんは職場の高校で、頼子《よりこ》さんという同僚と交際を始めた。

母には黙っていたのだが、付き合い始めて二年ほどが過ぎると、将来へ向けた話が出てくる。

ふたりは「結婚したい」ということで意見が一致した。

母は京介さんが成人してからも相変わらず子離れができていなかったので、切りだす前から腹は括っていたのだが、いざ話を打ち明けると、予想をはるかに超えた凄まじい反応を見せた。

「結婚なんか、十年早い！　十年経ったら、わたしが最高の結婚相手を見つけてきます！」

大泣きしながらヒステリックな声で泣きじゃくり、家のリビングにある物を手当たり次第に投げ回ったり、引き倒したりした。それでも京介さんの気持ちは変わらず、あくまで結婚する意志を伝え続けると、そのうちべそべそと泣きじゃくりながら私室へ引きこもってしまった。

京介さんはそうした様子を見送りつつ、今夜か明日辺りにまたやられるぞと思った。

例の「顔パックお化け」の刑はまだ続いていた。京介さんに気に食わないことを言われると、真っ白な顔でトイレや浴室の前に陣取って脅かしてくる。子供の頃に比べれば、恐怖のほうはだいぶ薄らいでいたが、それでも驚きはするし、鬱陶しくもあった。思わずため息がこぼれる。

けれどもその日、母の「顔パックお化け」は現れなかった。

代わりに翌朝私室へ行くと、細紐で首を括った母が、クローゼットの中にぶらさがっていた。

顔には白いパックが分厚く塗られ、遺書には京介さんへの恨み言がたっぷりと記されていた。

母の死から三年経って、京介さんはようやく頼子さんと結婚した。

婚姻届けを出したのは、母の三回忌が済んでからのことだった。

住まいは京介さんの家である。頼子さんは快く同意してくれた。

結婚後、一緒に暮らし始めて、ふた月近くが経とうしていた頃である。

ある夜、トイレに入った京介さんが用を足してドアを開けると、目の間に真っ白い顔をした頼子さんが立っていた。

思わず悲鳴をあげると頼子さんもはっとなり、「何？　何？」と京介さんに尋ねてくる。

自分がこんなことをした記憶がないのだという。

彼女には母の「顔パックお化け」に関する話や、自殺時の状況については一切話していない。

かなりの慄きを感じはしたが、この時も「疲れてるんだよ」と言って、彼女をどうにか慰めた。

それからも事あるごとに頼子さんは、顔面に白いパックを塗りつけて、トイレや浴室の前に立つようになった。その時には声をかけると正気に戻っていたが、以後は状況が悪化する。

昼夜を問わず、リビングや私室で顔にパックを塗りつけたまま、呆けていることが多くなり、声をかけてもなかなか正気に戻らない。仕事も休業することになった。

様子が変わり始めてひと月後には、かつて母が使っていた部屋で首を括って死んでしまった。

場所も母と同じく、クローゼットの中だったそうである。遺書は一切、見つからなかった。

# 著者プロフィール（五十音順）

**蛙坂須美**（あさか・すみ）
東京都出身・在住。二〇二一年、共著『瞬殺怪談 鬼幽』でデビュー。著書に『怪談六道 ねむり地獄』、共著『実話奇彩 怪談散華』『実話怪談 虚ろ坂』『怪談番外地 蠱毒の坩堝』ほか、文芸誌に短篇小説や書評、エッセイを寄稿するなど、ジャンル横断的な活動をしている。

**雨宮淳司**（あめみや・じゅんじ）
福岡県北九州市出身。精神科看護師として医療に従事しながら怪談を蒐集。二〇〇六年『「超」怖い話 超-1怪コレクション』に「直腸内異物」が掲載される。以後、単著・アンソロジー等で怪談を発表。最近作単著は『怪談群書 墜落人形』。共著は『予言怪談』『病院の怖い話』など。

**加藤 一**（かとう・はじめ）
一九九一年刊行の『「超」怖い話』（勁文社版シリーズ第一巻）に最古参共著者として参加し、怪談著者デビュー。以後の三十三年を怪談とともに歩む。『「超」怖い話』四代目編著者、監修者。著、共著、編・監修した怪談本は二百冊を超えた後、数えていない。単著最新刊は『「弔」怖い話 黄泉ノ家』。

**神沼三平太**（かみぬま・さんぺいた）
神奈川県相模原市在住。大学や専門学校等で教鞭を執る傍ら怪異体験談の蒐集執筆を行う。竹書房怪談文庫で二千三百話を超える実話怪談を発表。無慈悲系厭怪談の作品群を収録する単著群（最新刊は『怪奇異聞帖 地獄ねぐら』）以外に『恐怖箱 百物語シリーズ』のメイン執筆を担当中。

**川奈まり子**（かわな・まりこ）
八王子出身。怪異の体験者と土地を取材、これまでに五千件以上の怪異体験談を蒐集。怪談の語り部としてイベントや動画などでも活躍中。主な著作に『一〇八怪談』『実話奇譚』『八王子怪談』各シリーズの他、『怪談屋怪談』『僧の怪談』『眠れなくなる怪談沼 実話四谷怪談』など。

**高野 真**（こうや・まこと）
海と乗り物と旨い物を愛する関西人実話怪談作家。正体は武蔵野原に居を構える会社員。単著『恐怖箱 怪道を往く』の他、共著・アンソロジー『恐怖箱 忌憑百物語』『恐怖箱 聞コエル怪談』、DVD『怪奇蒐集者 弘前乃怪』等。最新刊『恐怖箱 禍言百物語』は七月末発売予定。

**郷内心瞳**（ごうない・しんどう）
宮城県出身・在住。郷里の先達に師事し、二〇〇二年に拝み屋を開業。憑き物落としや魔祓いを主軸に、各種加持祈祷、悩み相談などを手掛けている。二〇一四年『拝み屋郷内 怪談始末』で単著デビュー。主な著作に『拝み屋備忘録』『拝み屋怪談』『拝み屋異聞』各シリーズなど。

**しのはら史絵**（しのはら・しえ）
東京都出身。映像、ラジオドラマのプロット・シナリオ、小説を手掛ける傍ら怪談蒐集をしている。怪異座談会や怪談イベントも主催。単著として『弔い怪談 葬歌』『弔い怪談 呪言歌』、アンソロジーとして『お道具怪談』『呪物怪談』『恐怖箱 呪霊不動産』『実話怪談 牛首村』等を上梓。

**橘 百花**（たちばな・ひゃっか）
栃木県出身。仕事の合間の遠出が趣味。主な著作に『恐怖箱 死縁怪談』、テーマ怪談アンソロジー「恐怖箱」シリーズ、『栃木怪談』では、生まれ育った栃木県南部を積極的に取材。他には児童書『怪異伝説ダレカラキイタ？』などがある。

**つくね乱蔵**（つくね・らんぞう）
一九五九年福井県生まれ、現在は滋賀県在住。実話怪談大会「超-1／

二〇〇七年度大会」でデビュー。二〇一二年の初単著『厭怪』で厭という概念を産みだした。以降、厭系怪談の開祖として数々の単著や共著を発表。読む者に絶望的な喪失感を与える怪談は、他の追随を許さない。

**内藤駆**（ないとう・かける）
東京都出身。専門学校時代、集めた怪談を持て余しているところを加藤一氏に拾われ、共著『現代怪談 地獄めぐり』にて二〇一八年にデビュー。現在は一般社会人をしながら、東京を中心に怪談を蒐集している。単著に恐怖箱シリーズ『夜泣怪談』『夜行怪談』、『異形連夜　禍つ神』など。

**ねこや堂**（ねこやどう）
九州在住。実話怪談著者発掘企画「超‐1」を経て竹書房恐怖箱シリーズ参戦。現在、お猫様の下僕をしつつ細々と怪談蒐集中。主な著作「実話怪談封印匣」、主な共著は恐怖箱百物語シリーズ、現代実話異録シリーズ、『追悼奇譚 禊萩』『聞コエル怪談』『お道具怪談』等多数。

**服部義史**（はっとり・よしふみ）
北海道出身、恵庭市在住。体験談の空気感を重要視する為、現地取材数はこれまでに九千件を超える。著書に『実話奇聞 怪談骸ヶ辻』『実話怪奇録 北の闇から』『蝦夷忌譚 北怪導』『恐怖実話 北怪道』、その他共著に「恐怖箱」テーマアンソロジーシリーズなど。

**久田樹生**（ひさだ・たつき）
一九七二年生まれ。小説、実録怪異譚、ルポルタージュ他を執筆している。近著に『忌怪島〈小説版〉』『牛首村〈小説版〉』『熊本怪談』『仙台怪談』（全て竹書房刊）などがある。

X　blog

**ひびきはじめ**
一九六三年滋賀県彦根市生まれ。「てのひら怪談」シリーズ「幽」怪談実話コンテスト優秀賞を経て、Amazon kindle から『怪談琵琶湖一周』を自主リリース。竹書房主催「怪談マンスリーコンテスト」で注目され、『勿忘怪談 野辺おくり』で単著デビュー。

**ホームタウン**
実話怪談にのめり込み二〇一九年より本格的に怪談蒐集を開始。現在『杜下怪談会』『谷中怪談会』『銀座一丁目怪談』『恐点』等、都内を中心に怪談会の主催や出演など精力的に活動中。共著参加作品に『呪録 怪の産声』『予言怪談』『お道具怪談』。

**松岡真事**（まつおか・まこと）
長崎で板前をしながら、怪談を取材、執筆。アルファポリス、カクヨムにて「真事の怪談」シリーズを連載し、百物語を完成させる。二〇二三年、初の書籍となる『お道具怪談』に共著で参加。その他共著参加作品に『予言怪談』がある。

**松本エムザ**（まつもと・えむざ）
竹書房怪談マンスリーコンテスト受賞を機に、二〇一九年『誘ゐ怪談』を上梓。主な著作に単著『貰い火怪談』『狐火怪談』、共著『栃木怪談』『お道具怪談』他。出演DVDに『怪奇蒐集者』『真夜中の怪談』等。「綴り」と「語り」で怪談の魅力を鋭意発信中。栃木県在住。

**三雲央**（みくも・ひろし）
実話怪談大会『超‐1』参加をきっかけに怪談の執筆を開始。主な著作に『心霊目撃談 現』。その他『恐怖箱』シリーズなど。

**渡部正和**（わたなべ・まさかず）
山形県出身・千葉県在住、O型。二〇一〇年より冬の「超」怖い話執筆メンバーになる。二〇一三年、『「超」怖い話 鬼市』にて単著デビュー。主な著書に『「超」怖い話 鬼窟』『「超」怖い話 隠鬼』『鬼訊怪談』、その他『恐怖箱』レーベルのアンソロジーでも活躍中。

★読者アンケートのお願い

応募フォームはこちら

本書のご感想をお寄せください。アンケートをお寄せいただきました方から抽選で５名様に図書カードを差し上げます。

（締切：2024 年 7 月 31 日まで）

# たらちね怪談

2024 年 7 月 5 日　初版第一刷発行

著者……蛙坂須美、雨宮淳司、加藤 一、神沼三平太、川奈まり子、高野真、郷内心瞳、しのはら史絵、橘百花、つくね乱蔵、内藤駆、ねこや堂、服部義史、久田樹生、ひびきはじめ、ホームタウン、松岡真事、松本エムザ、三雲央、渡部正和（五十音順）

編者……加藤 一

カバーデザイン……荻窪裕司（sowhat.Inc）

発行所……株式会社　竹書房

〒 102-0075　東京都千代田区三番町 8-1　三番町東急ビル 6F

email: info@takeshobo.co.jp

https://www.takeshobo.co.jp

印刷・製本……中央精版印刷株式会社